本书为河北省社会科学基金项目（编号：HB21YJ004）资助
河北省矿产资源战略与管理研究基地和河北地质大学供应链网络大数据应用技术创新中心成果

农资流通供应链协同方法研究

朱艳新　著

北　京
冶 金 工 业 出 版 社
2022

内 容 提 要

本书在研究现有国内外供应链协同理论与方法的基础上，结合农资行业特点及企业实际运营状况，以农资流通企业为核心，分别从战略、策略层面对供应链上下游协同问题进行了研究。本书针对供应链协同绩效建立了指标评价体系，应用模糊层次分析法进行了深入探讨，重点介绍了农资供应链在需求预测、库存控制、配送组织方面的协同方法及实证研究。

本书可供企业物流管理相关人员及高等院校物流类专业师生阅读参考。

本书为河北省社会科学基金项目（编号：HB21YJ004）资助

图书在版编目(CIP)数据

农资流通供应链协同方法研究／朱艳新著．—北京：冶金工业出版社，2022.5

ISBN 978-7-5024-9162-8

Ⅰ.①农… Ⅱ.①朱… Ⅲ.①农业生产资料—供应链管理—研究—中国 Ⅳ.①F724.74

中国版本图书馆 CIP 数据核字(2022)第 082046 号

农资流通供应链协同方法研究

出版发行 冶金工业出版社 **电　话** (010)64027926
地　址 北京市东城区嵩祝院北巷 39 号 **邮　编** 100009
网　址 www.mip1953.com **电子信箱** service@mip1953.com

责任编辑 曾 媛 美术编辑 燕展疆 版式设计 郑小利
责任校对 石 静 责任印制 禹 蕊

北京虎彩文化传播有限公司印刷
2022 年 5 月第 1 版，2022 年 5 月第 1 次印刷
710mm×1000mm 1/16；9.25 印张；177 千字；135 页
定价 69.00 元

投稿电话 **(010)64027932** **投稿信箱** **tougao@cnmip.com.cn**
营销中心电话 **(010)64044283**
冶金工业出版社天猫旗舰店 **yjgycbs.tmall.com**
（本书如有印装质量问题，本社营销中心负责退换）

前　言

粮食是人类社会赖以生存和发展的基础物资，也是战略物资，而农药、化肥等农业生产资料既是实现农业可持续发展与粮食安全的保障，也是维持农村市场稳定、增加农民收入的关键。我国是一个农业大国，农资生产及供应的地位尤为重要，尤其是农资供应的效率与成本直接关乎整个农业生产系统能否高效运作。因此，农资生产及流通企业建立协同、共赢的供应链体系是稳定农资市场，发展农村经济，提高农业生产效率的关键举措。

当前，从供应链管理的角度对整个农资产供销系统进行研究的成果还相对较少。尤其是立足于农资流通企业，研究其与上下游企业在市场需求预测、分销及物流等方面的协同问题的成果非常缺乏。因此，基于供应链协同理论，研究农资流通供应链在预测协同、分销和库存协同、配送协同及协同绩效评价等内容具有重要意义，主要表现在以下几个方面：

(1) 当前，从系统角度研究农资物流、农资供应链的成果非常有限，而且多停留在企业内部及单一环节，缺少系统思维。因此，以现代物流及供应链管理理论为指导，研究农资流通企业与上下游企业的共赢、合作问题，不但有助于农资行业的健康发展，而且有助于为农资供应链管理的实践提供理论依据。

(2) 供应链协同管理已经成为当前供应链管理领域研究的热点问题。我国对供应链协同管理的研究刚刚起步，且多停留在理论及模型层面，实践研究的领域仅限汽车、煤炭、鞋类等行业，而且主要涉及单个企业内部的供应链信息管理系统的研究，缺乏围绕核心企业展开供应链上、下游企业之间协同方法的研究。因此，应用供应链协同理论针对农资行业展开研究，有利于解决农资供应链上若干企业的协同问题，以提高农资供应链的运作效率，增强各级节点企业的竞争力。

(3) 从理论模型到实践应用的拓展，可为我国农资流通供应链实现协同提供方法指导。当前，随着农资生产技术的逐渐成熟，产品同质化趋势越来越明显，农资市场的竞争逐渐从质量与品种的竞争转向成本与服务的竞争。农资流通效率与终端服务日益成为农资生产经营企业占领市场，取得竞争优势的关键领域，而农资流通供应链的协同性正是决定二者的关键因素。因此，面对激烈竞争的市场环境，以科学的理论方法为指导，建立一个协调同步的农资供应链运作体系正是众多农资流通企业提高竞争能力的关键。

本书以供应链协同理论为支撑，分别从战略层和策略层两个维度来研究农资流通供应链协同问题。以战略层协同影响因素研究和协同绩效评价研究的成果为依据，宏观指导农资流通供应链在需求预测协同、分销及库存协同、配送协同等协同方法及实施策略，实现了从宏观战略制定到微观运作管理的有效衔接，为流通企业供应链协同运作提供了方法指导。

本书的第 1 章系统阐述了供应链协同理论，旨在为后面研究农资流通供应链不同层次的协同奠定理论基础。第 2 章结合当前农资流通供应链的特点，分析了未来农资流通供应链的竞争趋势，指出合作性竞争、服务竞争、物流竞争将是当前及今后农资企业获得竞争优势的重要途径，因此促进农资供应链实现协同将是关键。

第 3 章和第 7 章主要涉及供应链协同的战略层研究内容。首先提出了影响农资流通供应链协同的因素及其相互关系的假设，然后通过建立结构方程模型，量化了各类因素之间作用关系及对供应链协同的影响程度，为农资流通企业进行供应链协同管理提供参考。最后，结合农资流通供应链的特点，建立了农资供应链协同绩效指标评价体系，并应用模糊层次分析法进行了实证研究，指出加强供应链的前向整合，以物流协同为核心，是实现农资产供销协同运作的关键。

第 4~6 章分别对供应链协同的策略层的预测协同、分销与库存协同和配送协同三个方面展开研究。首先，基于 CPFR 的协同理论体系分别构建了农资供应链销售预测模型和订单预测协同模型，对农资流通供应链协同预测问题进行了定量研究，确定了在既定顾客服务水平下农资分销商及零售商的最佳订货数量，缓解了供应链上的“牛鞭效应”。其次，在供应链协同预测的基础上，针对当前农资流通供应链分销及库存协同问题进行了研究，构建了基于总成本与订货时间满意度的双目标优化模型，并应用改进遗传算法进行了模型优化。通过实证研究，量化了订货提前期、单位库存成本和单位运输成本对系统总成本的影响程度，为企业科学决策提供依据。最后，在供应链协同分销与库存分析的基础上，针对当前农资流通供应链末端多零售商、多订单客户的配送协同问题进行了研究，构建了带时间窗的协同配送成本目标优化模型，并设计了模拟退火遗传算法。通过实证研究，进一步证明了供应链协同配送既要关注客户满意度的提升，还要加强末端配送的协同，制定合理的配送方案及配送路线，才能提高配送效率，节约流动资金。

供应链协同问题是每个企业都不容忽视的问题，其涉及的企业众多、层次复杂，本书中虽对部分问题做了一些研究，但还有许多研究领域需要拓展和深入探索，相信该领域必然会吸引越来越多的学者投入其中，并取得丰硕成果，实现供应链协同发展的目标。

著　者

2021 年 12 月

目　　录

1 供应链协同理论

1.1 供应链协同理论概述

协同这一概念最早是由伊戈尔·安索夫提出来的，他在1965年《公司战略》一书中认为，协同是企业群体在长期内共生共长的业务表现，这依托于资源的共享[1]。协同论的创始人，德国的物理学家 Hermann Haken 提出协同是系统各部分间相互协作的过程[1]。尽管众多学者对协同未给出明确的定义，但协同对于系统的作用从未被忽略。后来随着科学的不断发展，协同的理念逐渐渗入到企业界、学术界，众多学者纷纷从不同层面、不同领域来研究协同问题。

20世纪80年代中期，供应链的概念产生并得到了广泛重视，协同理论也随着供应链研究的不断深入而得以应用。英国供应链管理专家马丁·克里斯托弗（Martin Christopher）在1992年指出，21世纪的竞争不再是企业和企业之间的竞争，而是供应链和供应链之间的竞争。实现这一目标的关键是供应链的协同，只有协同才能增强对客户需求的反应能力，从而提高供应链的整体竞争力。1999年4月，全球著名的供应链管理专家 David Anderson 和 Hau Lee 发表了题为“协同供应链（Collaboration Spply Cain）：新的前沿”的文章，文章中明确指出，新一代的供应链战略就是协同供应链[1]。1995年，国际著名的商业零售连锁店 Wal-Mart 等5家公司通过联合研究，提出了面向供应链协同管理的有效策略——协同计划、预测与补货（CPFR）[1]。2002年，美国著名的咨询公司 ARC 提出了基于协同价值网络的协同制造管理（CMM）战略，并建立了 CMM 模型[2]。

21世纪初，密歇根州立大学（Miehiganstate University）建立了一个协同供应链管理模型，该模型综合了供应链概念产生以来的理论研究成果，完整地揭示了供应链的网链功能，它包含从原材料采购、到产品和服务交付，以至最终消费者的全过程[3]。2004年，Metin Turkay 和 Cihan Oruc 对化工行业企业间的协同进行了建模和定量分析[4]；Akkermans 和 Paul Bogerd 等人（2004）建立了供应链协同的理论模型，侧重研究了非技术因素对实现协同的重要影响[5]。后来，随着供应链与电子商务的整合日益加深，国内外众多学者纷纷对电子商务与协同供应链的整合管理问题展开了大量的研究工作[6]。

1.1.1 供应链协同的含义

对于供应链协同的定义，众多学者给出了不同见解。Simatupang 和 Sridharan (2004) 认为供应链协同是至少两个企业进行联合，共同对供应链的运作情况进行管理[7]。Mei Cao 等人（2013）认为供应链协同是整条供应链上的基于信任和文化的协同[8]。Allred 等人（2011）认为供应链协同是通过信息技术的运用使得整条供应链上的包括供应商、分销商及最终用户在内的所有成员实现信息、资源的共享，并进行业务协作[9]。

综合上述观点，供应链协同是以信息技术为基础的，强调供应链成员企业共享资源、共同管理、共同决策的供应链同步运作过程。供应链协同是供应链中各节点企业实现协同运作的活动，包括树立“共赢”思想，为实现共同目标而努力，建立公平公正的利益共享与风险分担的机制，在信任、承诺和弹性协议的基础上深入合作，搭建电子信息技术共享平台及时沟通，进行面向客户和协同运作的业务流程再造。

具体来说，供应链协同有三层含义：组织层的协同，由“合作-博弈”转变为彼此在供应链中更加明确的分工和责任，“合作-整合”；业务流程层的协同，在供应链层次打破企业界限，围绕满足终端客户需求这一核心，进行流程的整合重组；信息层的协同，通过 Internet 技术实现供应链伙伴成员间的信息系统的集成，实现运营数据、市场数据的实时共享和交流，从而实现伙伴间更快、更好地协同响应终端客户需求。

1.1.2 供应链企业寻求协同的原因

首先，有利于实现协同效益。市场竞争环境的剧烈变化使企业之间协同的必要性和重要性日益凸现，但是追求自身利益最大化的动机往往会破坏乃至摧毁这种协同关系。为了稳固和强化彼此之间的合作关系就有必要通过公司协议或联合组织等方式结成战略协同组织，从而实现协同效益。具体包括：对资源或业务行为的共享，市场营销和研究开发的扩散效益，企业的相似性、对企业形象的共享等。

其次，有利于发挥价值链优势。价值链的分解与整合都是企业生产与组织的创新，用于提升企业的竞争力，这也是供应链协同的第二个动因。价值链的整合，涉及竞争对手忽略环节的整合、寻求新的价值链结合方式，二者都可能使企业获得新的竞争优势。整合可以采用一体化的方式，也可以通过协同方式来完成。由于整合效果的不确定性，具有一定的风险，实行供应链协同具有一定的灵活性和较低的退出成本，可能是较佳的选择。

第三，有利于构造竞争优势群。竞争优势群就是具有不同诱因、可持续性和作用空间的竞争优势所构成的持续演进的竞争优势系统，其构成要随着时间的推移不断发生变化，有的竞争优势逐渐丧失，也有新的竞争优势不断产生。典型的竞争优势群包括主导优势和支撑优势。竞争优势群的动态发展包括竞争优势的创造、维持、增强、权衡和创新诸环节。协同成员要相互督促伙伴维持、强化各自的竞争优势，同时还要共同创造新的竞争优势，必要时吸收具有新优势的新成员或者清除有碍竞争优势群保持的成员。

第四，有利于提高企业的核心竞争力。企业竞争能力的强弱是由企业的核心业务决定的。每一个企业都有其擅长的核心业务，当然也有其不擅长的业务。在企业资源有限的情况下，企业一般都会集中资源发展自己的核心业务，其非核心业务通过外包的方式交给其他优秀的企业，不但可以借助其他企业的优势弥补自身的不足，达到资源外用的目的，还可以实现强强联合，提高企业的竞争能力。

1.1.3 供应链协同的层次划分

供应链协同从实现范围上由两个方面组成：企业内部的协同和企业间的协同。企业内部协同是为了企业内的各个职能部门、各个业务流程能够服从于企业的总目标，实现不同部门、不同层次、不同周期的计划和运营体系的协同，如采购、库存、生产、销售及财务间的协同；战略、战术、执行层次的协同；长期、中期及短期规划间的协同等。顺畅的工作流、信息流，合理的组织结构设计，动态的流程优化思考是实现企业内部协同的有力保障。

供应链企业间协同是指供应链上的成员在共享需求、库存、产能和销售等信息的基础上，根据供应链的供需情况实时地调整计划和执行交付或获取某种产品和服务的过程。企业间的协同较企业内部的协同复杂得多。由于企业间因为法人主体的不同，从而很难形成统一的、明确的共同目标。另外，在供应链中企业之间的决策影响是相互的，虽然有强势和弱势，但是不存在绝对的最高决策个体，因此会导致纠纷的解决比较困难，尤其是应对紧急事件的统一支援和指挥的企业间协同较难实现。

构建企业间的协同，必须在供应链层次共同构建一个共赢的供应链目标；建立企业间亲密的伙伴关系，达成相当高的信任度；实现资源的有效整合与利用，相互开放业务信息，增强运营体系的透明度；从供应链的层次，围绕满足终端客户需求为核心实现企业间流程重组。同时，还要集成企业间的供应链管理信息系统，实现实时信息交互和共享，最终实现同步制定供应链计划和同步跟踪全供应链的计划执行状态和同步预警、应急反应和资源调度。供应链是一个复杂的体系，因而信息技术成为实现供应链协同和监控所有供应链环节的重要支柱。

实现供应链协同可分为基础建设、职能集成、内部供应链协同、外部供应链协同四个步骤。其中关键是企业内部供应链和外部供应商及客户的协同，这也是供应链协同管理的精髓所在。企业内部供应链与外部供应商及客户的协同按其层次可划分为战略层协同、策略层协同和技术层协同，其中战略协同处于供应链协同的最高层次，技术层协同主要是通过协同技术的支持实现供应链的同步运作和信息协同。策略层协同是供应链协同管理研究的中心问题，主要包括需求预测协同、产品设计协同、计划协同、采购协同、库存协同等形式。

1.2 供应链战略层协同理论及方法

供应链战略是用于指导整个供应链高效运作，增强供应链整体竞争能力并获得最大整体利益的原则和规范。一方面，供应链战略明确了供应链组建的目的及意义，供应链各成员企业在共同战略的指导下明确如何互相协作，另一方面，在共同目标的规划下，供应链战略又成了各成员企业行为的基本规范。一般而言，战略协同是对供应链管理中事关全局的重大核心问题的合作与协调，是实现供应链协同管理的重要基础。

要建立战略协同关系，节点企业的信任是基础。然而，虽然供应链各企业的决策者也深知合作的重要性，但往往对“合作条款”缺乏信任度，或处于“观望”和“保留意见”状态，不想本企业在合作过程中“吃亏”，希望尽量将责任风险、成本等转嫁给合作企业，同时却竭尽全力地将利益收归自己的囊中。如果是这样，企业间就无法建立起有效的合作。要改变这种状况，就要在合作企业间建立信任机制。信任机制的建立，需要综合应用契约型信任、能力型信任和善意型信任，需要综合运用法律、情感和信誉三种手段，需要同时采取法律手段、情感维系和信誉保证三种方式。“法律手段”主要是通过合同条款来防止可能出现的欺骗行为，它是供应链协同管理中首选的手段和方式，具有非常明显的效果，但在现实中也存在一些问题，如合同难以预料到未来的发展态势和结果信任程度，难以明确界定合同信任，违约举证困难，法律难以对不守信方进行惩治。因此，建立信任机制还必须同时采用感情维系和信誉保证的手段。“情感维系”是指具有相同地域关系、血缘关系和社会关系网络的企业或者在长期合作过程中建立了相互依存“感情基础”的企业，依靠这种“感情基础”建立信任机制。“情感维系”具体可以采用资本运作、相互参股、建立联合实体、订立战略合作框架协议、产业集群发展和社会网络资源开发等方式来实现。“信誉保证”是指企业以其信誉作为担保而建立起来的信任机制。

供应链战略层协同主要是以概念模型和协同管理思想为基础，对整个供应链的协同进行定性或定量分析，它研究的主要问题包括对供应链协同机制、协同管理绩效评价、协同管理的影响因素等方面的建模分析。

1.2.1 供应链协同机制研究

仅仅有好的制度是不够的，还必须有一套与之相适应的有效的制度运行机制。供应链上的制度运行机制主要包括：信息共享机制、利益分配机制、目标激励机制、冲突解决机制。信息共享机制就是要构建一个信息共享的平台，例如链内企业的局域网，这样供应链企业可以在信息最大化的基础上做出有利于整个供应链的最优决策。利益分配机制就是要平衡供应链上中下游企业之间的利益，要求供应链企业不能只顾自身的利益，应考虑到供应链的整体利益。目标激励机制就是要激励成员企业目标与系统目标保持一致，以实现整个供应链的竞争优势为目标。冲突解决机制就是要建立一套完整的解决供应链企业之间冲突的办法和规定，同时要成立诸如仲裁机构之类的调解机构。

在供应链协同机制研究方面，许多学者应用协同学理论来探讨、设计协同机制问题。Wu 等人（2014）认为社会交往问题、信任、承诺、互惠互利和权力，是信息共享与协作的前提。文章提出了一种新的研究模型来检验基于 SET 的变量，信息共享与协作以及供应链绩效之间的关系。实证研究结果表明，基于 SET 的问题对于确定信息共享和协作至关重要，信息共享和协作都意味着部分调解对供应链绩效的影响[10]。Liao 等人（2017）从我国台湾网络通信行业上游、中下游制造业 74 家企业和 465 份调查问卷中选出研究对象，并采用结构方程模型（SEM）验证理论模型[11]。结果表明，供应链协同价值创新，供应链能力和竞争优势之间的关系可以产生积极影响，供应链能力是一个充分的协调者。C. Co. Henry 等人（2009）通过场理论、组织心理模型等研究了供应链协同中各利益相关方的管理战略问题，认为只有当供应链内各方依赖性较强，且意识到协同所能带来的利益时，各节点企业才倾向使用合作战略主动完成协同[12]。Banchuen（2017）应用结构方程模型（SEM）采用截面数据来测试订单赢家之间的假设关系，协作模式和业务成果[13]。结果表明，专注于灵活性，质量和交付的公司应与供应商开展战略协作，以实现市场和创新改进；以成本和质量为重点的公司应开展业务合作，以实现资源效率。

1.2.2 供应链协同绩效评价方法研究

在供应链协同管理的绩效评价方面，许多学者应用模糊综合评价、层次分析法（AHP）、平衡积分卡（BSC）和数据包络分析（DEA）等方法构建了多种绩效评价体系，具有较好的参考意义。

Sun 和 Wang 等人（2017）针对银行供应链系统，提出了两种替代网络 DEA 模型，其中包含用于评估银行供应链系统性能的方向距离函数（DDF）和元边界方法[14]。Supeekit 等人（2016）针对医院供应链系统绩效的评价，将 DEMATEL

用于检查绩效组之间的因果关系以及每组中的绩效，然后使用因果关系来确定应用修改的 ANP 性能方面的权重[15]。Hasan 等人（2017）将海水淡化网络视为供应链，通过采用层次分析技术，根据其在淡化供应链中的重要性，将权重因子分配给每个环节，使决策者能够端到端评估脱盐过程的性能。服务供应链绿色绩效评估需要考虑定性和定量因素的方法[16]。许多传统的多标准决策（MCDM）方法存在诸如无法捕捉决策（人为判断）中的现实模糊性、不适应不同级别的测量、计算复杂性和复杂细节要求的缺点，这使得它们不适合服务供应链环境绩效评估任务。Chithambaranathan 等人（2015）通过将灰色方法与 ELECTRE 和 VIKOR 方法相结合，提出了一种用于评估服务供应链环境绩效的灰色混合框架[17]。Morteza（2014）和 Motevali 等人（2016）则提出了供应链绩效评估的新型混合 BSC-DEA 框架[18-19]。

1.2.3 供应链协同影响因素研究

对于供应链协同管理的影响因素的研究，既可以为供应链实现协同提供思路和方向，也可以为协同管理的进一步研究奠定基础。因此，界定供应链协同的因素，对于有针对性地制定供应链协同建设策略具有重要意义。在此方面，一些学者也展开了广泛研究，得出了许多研究成果。

Mei Cao 等人（2010）通过大量的理论综述，将供应链协同影响因素整理为 7 个方面：信息共享、目标的一致性、共同决策、激励联盟、资源共享、协同沟通、联合知识创新[20]。Huang 等人（2017）考察了双层供应链与多个供应商的协调，他们认为信息共享至关重要，发现随着连续需求的增加，信息共享将对库存水平和供应商总成本的降低产生更大的影响，即随着连续需求的相关系数的增加，信息共享更有价值[21]。Leeuw 等人（2009）通过理论综述和对来自电子、时尚和销售包装产业的案例研究，提出供应商是更紧密供应链协同关系的主要推动因素[22]。Wen 等人（2016）基于 Bertrand 的竞争模型和 Winkler 的共识模型，开发了一个有限的贝叶斯 Stackelberg 游戏来分析横向供应链（SC）竞争下的双向信息共享问题，研究发现在 SC 中自发共享需求预测有利于制造商，但伤害了零售商；SC 是否受益于信息共享取决于竞争强度和预测误差[23]。

供应链协同管理是供应链管理崭新和最为现实的模式。只有从战略高度确定了供应链协同管理思想，分析其协同影响因素，才能进一步优化供应链，增强行业及企业竞争能力，并有效解决供应链协同中的各类问题。

1.3 供应链策略层协同理论及方法

策略层协同是供应链协同管理研究的关键问题，主要包括与上下游企业间的需求预测协同、产品设计协同、库存协同、生产协同、物流协同、采购协同等策略。供应链协同策略层的研究是供应链协同管理研究的核心问题，因此许多学者给予了高度重视，并取得了一定的研究成果。

1.3.1 需求与预测协同研究

当前，供应链中需求的可视性已经成为供应链管理的关键性问题。在各管理要素中，由需求来拉动整个供应链进行生产和供应的组织比通过生产、销售模式的推式具有更好的适应性。但由于供应链环境的不确定性和自身结构的复杂性，以及供应链中各主体的利益博弈等导致企业很难获得准确的需求信息。“牛鞭效应”的广泛存在造成了企业和社会资源的浪费，如何获得高质量的需求预测是企业必须面对的难题。对此，企业可以选择一个非常有效的策略就是进行协同，即通过加入供应链和上下游企业进行信息、资源和预测方面的共享，从而减少需求预测的不确定性，改进需求预测效果。

对于供应链中需求问题的研究，为了提高需求不确定性条件下供应链的性能，Lee（2000）建议处于同一供应链的企业共享信息和调整订单[24]，这就需要更为合理的需求预测。但是，Ali（2017）认为由于信息系统的兼容性、信息质量、信任和机密性等因素的限制，信息可能无法共享的供应链很多，因此，探索了一种被称为下游需求推理（DDI）的策略，将 DDI 策略与无信息共享（NIS）策略和供应链中的最佳预测信息共享（FIS）策略进行比较。通过案例证明使用 DDI 策略可以改善 NIS[25]。李武强、刘树林等人（2013）分别针对不确定需求与多源信息条件下的供应链需求预测协同问题进行了研究[26]。李果、高韬等人（2011）构建了交货时间不确定且需求价格时间敏感下基于物料清单下线结算的两供应商—单制造商协同供货模型，研究结果表明，考虑协同供货决策的供应链收益要明显大于不考虑协同供货决策的供应链收益，而考虑协同供货决策下制造商的产品最优销售价格和供应商的最优协议提前期均小于不考虑协同决策[27]。Rajesh（2016）提出了一种改进的灰色预测模型，用于预测弹性性能的周期性指标，并将其应用于印度电子制造商的供应链预测，证明应用该模型来预测具有较好的实际意义[28]。

当前，多数关于需求预测的研究往往主要针对供应链的单一阶层，或研究了多阶层的库存管理，假设所有的企业都用同一库存策略[29-30]。目前应用不同库存系统的多阶层供应链的需求预测的文献研究还不多。Chen 等人（2000）针对单一供应链“牛鞭效应”从预测、提前期和信息方面对其进行了定量分析[31]。董绍辉（2010）基于博弈论分析了协同需求预测的利益分配机制，定量分析了供应链协同需求预测的整体收益系数，提出了考虑收益和成本的动态激励机制，还定性分析了核心企业主导、信息共享以及信任等机制[32]。程赐胜、段雪雷

(2013) 研究了随机市场需求下由制造商、分销商和零售商组成的三级供应链的协调问题。通过分散式无协调状态和集中决策状态下的供应链收益比较，采用数量折扣和价格补贴双契约机制，设计了 Qd-Ps 联合契约模型；用算例证明了通过合理范围内的参数设置和取值，可实现供应链节点企业的利润共享，并促进供应链系统的有效协调[33]。

1.3.2 库存协同研究

库存管理与控制问题一直是供应链管理研究领域的经典性问题，因此库存协同也是供应链策略层协同的核心问题。

1995 年，由国际著名的商业零售连锁店 Wal-Mart 等 5 家公司联合研究提出的协同计划、预测与补给（CPFR）是一种协同式的库存管理技术。它在供应链运作的整个过程中，应用一系列的处理和技术模型，对供应链不同客户、不同节点的执行效率进行信息交互式管理和监控，对商品资源、物流资源进行集中的管理和控制；通过共同管理业务过程和共享信息来改善零售商和供应商的伙伴关系，提高预测的准确度，最终达到提高供应链效率、减少库存和提高消费者满意程度的目的。

供应链管理的目的是使整个供应链各个阶段的库存最小，但是，在现行的制造企业库存管理模式从单一企业内部的角度去考虑库存问题，因而并不能使供应链整体达到最优，为此需要对多级库存进行优化与控制。基于协调中心的联合库存管理是一种联邦式供应链库存管理策略，是对供应链的局部优化控制，而要进行供应链的全局性优化与控制，则必须采用多级库存优化与控制方法。因此，多级库存优化与控制是供应链资源的全局性优化。

当前，供应链多级库存优化主要有以成本和时间为参数的两种多级库存控制策略。供应链成本优化的多级库存控制实际上就是确定库存控制的有关参数：库存检查期、订货点、订货量，从而达到供应链多级库存成本的最低。基于时间优化的多级库存控制模型设计必须首先确定供应链的库存时间结构。根据库存管理理论，供应链运行过程中的库存总时间应该包括每一级产品的搬运入库时间、保管存放时间、分拣配货时间、搬运出库时间以及缺货退货补货时间等。

在库存协同的研究方面，国内外许多学者分别进行了定性与定量方面的研究，并在实践应用中取得了一定成果。Yonghui Fu 和 Rajesh Piplani（2004）建立了基于库存的评估供应方协同的模型，通过对传统供应链和协同供应链分别建模，利用仿真对分销商实施协同前后的绩效进行评估，计算结果显示供应方协同可以提升整个供应链的绩效[34]。Tsou（2013）通过利用约束理论探讨供应链协作的策略，使用三个时间序列数据挖掘技术：顺序概率比测试（SPRT）、CUSUM

图表和自动回归测试（AR(1)）来检测市场需求变化的时间，用于调整目标库存水平[35]。Cai（2017）首先假设存在确定性要求，发现期权合约可以协调供应链，并在成员之间任意分配协调利润。通过研究表明，期权合约还可以在需求随机的情况下有效协调供应链[36]。Maryam 等人（2017）以供应链的总成本（包括固定成本、持有成本、折扣和退货的成本）最小化为目标函数，构建了零售商的补货周期、订单大小以及供应时间的非线性规划模型，开发了遗传算法（GA）和粒子群优化（PSO）算法，并证明 PSO 算法具有更好的优化能力[37]。Leopoldo 等人（2014）研究了由一个制造商和一个零售商组成的供应链的渠道协调问题，开发了一种生产库存模型，其将每单位的采购成本视为生产率的函数。为解决渠道协调和促销型需求问题，探索了各种集中协调系统，从而实现制造商和零售商的利润最大化[38]。黄花叶、刘志学（2011）则将 VMI-APIOBPCS 模型应用于集群式供应链，构建库存控制模型 VMI-APIOBPCS Ⅰ；然后考虑零售商跨链双向补货库存协作，将 VMI-APIOBPCS Ⅰ 模型扩展为 VMI-APIOBPCS Ⅱ 模型；进一步引入第三方物流，考虑其跨链双向补货库存协作，构建 VMI-TPL- APIOBPCS 模型，并利用 Vensim 软件进行仿真模拟，从库存水平、生产率、“牛鞭效应”和服务水平四个方面比较分析不同库存控制模式对集群供应链系统的动态影响[39]。

1.3.3 供应链计划协同

供应链计划协同（Supply Chain Collaborative Planning）是指彼此独立而又相邻的供应链企业之间有关主计划活动的协同过程。

供应链计划协同的协同模式主要包括：

第一，逐级规划模式。在该模式中，下游企业首先根据自己目前和过去市场信息、预测需求，并根据该预测向上游企业提出物料需求计划；上游企业据此制定生产计划并向更上游企业提出物料需求计划，通过这样逐级地规划制定整个供应链的协同计划。

第二，集中协调优化模式。集中协调优化模式将整个供应链网络视为一个整体，所有供应链成员的计划问题用一个统一的数学规划模型来表示，通过对模型求解来获得总体最优解。该模式下的协同优化效果明显，研究中不断出现新的研究理论和创新方法，是目前协同计划的主要研究领域，集中协调模式下容易求得供应链整体最优解。

第三，将集中优化分解为分布优化模式。该模式最典型的方法是采用拉格朗日松弛算法，利用拉格朗日算子作为影子价格，使其在供应链企业间发挥协调作用，实现供应链的分布处理。该模式下的相关文献近年来较多，使用该模式可以实现一定的协同优化。

第四，基于协商的协同计划模式。基于协商的协同计划模式将供应链成员以相对平等的关系看待，供应链成员都具有各自独立的数学规划模型；根据各自的能力约束或需求信息，进行相关信息的交流共享，通过多轮交互谈判逐步实现各方认可的优化结果。该模式的优势在于不需要预先知道其他供应链成员的所有相关信息，在实现供应链总体最优的同时实现个体相对最优，同时也是一种较新的研究视角，能够解决信息不完全条件下的计划协同问题。

第五，基于 Agent 的计划协同模式。在供应链计划协同研究中，引入多 Agent 技术，利用 Agent 的交互性和智能性，将供应链计划协同和商务智能融合起来。该模式可以很好地克服供应链管理上智能的缺陷，提高供应链管理的智能化程度和有效性；该模式下的研究工作尚处于起步阶段，有不少难题需要解决。

近年来，供应链计划协同问题逐渐受到国内外研究学者和企业的关注，并取得了一系列的成果。Sarker 和 Diponegoro 等人（2008）针对原材料采购、生产周期等问题，以原材料和产成品库存的总成本最小化为目标构建模型，并采用多重订购策略方法进行求解[40]。黄焜、马士华等人（2011）针对订单不确定条件下的呆滞库存问题，通过建立数学模型研究生产商何时下订单，以及供应商最优计划协同决策问题，同时给出了具体的决策方法[41]。鲁奎等人（2008）则针对运输能力受限与费用时变的生产计划问题，建立了一个混合整数规划模型，利用拉格朗日松弛技术将模型分解，设计一个启发式算法对模型进行求解[42]。Dudek 等人（2007）基于协商的方法建立了单个供应商与单个购买方的供应链协同生产计划模型，通过多次交互协商，逐步改进供应链计划协同模型，采用基于成本累积变化率的折中策略，在实现追求共赢的平等协商过程中较好地实现总成本的优化[43]。Li 等人（2011）针对成本和需求信息不对称条件下的供应链计划问题，设计了一个基于协商的协调机制制定买方和卖方的生产和订货计划决策，算例研究表明该机制具有很好的优化效果[44]。Hernandez 等人（2011）从分布式供应链的角度设计了一个能够支持协商过程的基于 Agent 供应链计划协同模型，通过不断地协商和信息交流提高了供应链整体的利润水平[45]。

1.3.4 运输及配送协同研究

协同运输管理（CTM，Collaborative Transportation Management）是由全球最大零售商沃尔玛向其供应商宝洁公司、货运巨头亨特提出的一种新型合作方案。它要求供应链中的成员实现更透明的信息交换，通过信息共享和供应链协作，制订计划、合理预测、保证运输及库存等服务全过程。通过 CTM 的实施可以从订单完成过程的内部消除运输的低效率。首先，减少了物流企业装货卸货的等待时间；第二，使得运输资源配置和利用率达到最优化；第三，通过运输网络，可以更好地安排运输次序和路线，减少空载率；第四，减低了运输疏忽造成的货物流失；最后，减少了账单错误和不准确的沟通。具体的 CTM 运行机制主要包括动力机制、约束机制、实际行为和惩罚机制四个方面[46-48]。

对于运输协同问题的研究主要涉及运输路线的优化和运输方式选择问题。其中城市交通车辆路线问题（VRP）问题由于其复杂性及应用的广泛性，受到了众多学者的关注和深入探索。早在1959年Danting和Ramser就提出车辆路径问题的数学模型和求解算法[49]。随后，大量学者对车辆配送路径问题构建了多种类的数学模型，并设计了不同求解算法，对于指导企业配送实践、提高配送效率起到了重要作用。在模型的构建方面，Goodarzi等人（2016）研究了由零件供应商、交叉码头和组装工厂形成的配送网络优化问题，建立了一个混合整数非线性规划模型[50]。Guedria（2016）研究了VRP和车辆装载计划问题的优化[51]。Wang等人（2017）建立了一个含配送中心（DC）中的运输成本和每个DC中的车辆配送成本，以最小化CMCVRP的总成本的整数规划模型，提出了一种具有聚类、动态规划和启发式算法的多相混合方法来解决模型的算法问题[52]。Alexandra（2019）构建了城市货运背景下车辆同步和灰色地带客户的多目标两级配送车辆路线优化模型[53]。

当前，无论在现实应用，还是在学术研究中，VRP问题逐渐衍生出许多不同的变化形态，带装载约束的车辆路径问题、多车型路径选择问题、最佳服务时间的车辆路径问题、随机需求或动态需求车辆路径问题、绿色VRP等问题。随着时间观念的增强和对客户满意度的重视，越来越多的研究则立足于带有时间约束的以客户满意为目标的配送路线优化问题。

同时，随着模型复杂度的提高，VRP问题的求解算法也得到了不断丰富，主要包括精确算法、传统启发式算法和现代启发式算法三大类。Hanafi介绍了应用扫描算法来优化有能力约束的车辆路线优化问题（CVRP）[54]。由于精确算法和传统启发式算法的局限性，现代启发式算法如遗传算法、模拟退火算法、禁忌搜索算法和仿生算法等应用日益广泛。Sicilia等人（2016）为解决配送的时间窗、容量限制、订单与车辆的兼容性等问题提出元启发过程算法，以实现距离最小化、成本最低化和服务质量最佳的目标[55]。Wang等人（2016）对于易腐食品，以最大限度地减少总成本和最大化新鲜度为目标，提出了带时间窗的多目标车辆路线优化问题（MO-VRPTW-P），并应用基于Pareto可变邻域搜索遗传算法的考虑时空距离（STVNS-GA）的两阶段启发式算法来解决问题[56]。Li（2019）建立了带有提货和交货时间窗（GVRSP-SPDTW）的混合整数线性规划（MILP）模型，并设计了一种智能水滴算法[57]。

综上所述，供应链协同管理策略层的研究内容广泛，取得的成果较多，是促进供应链协同发展的关键，为供应链协同管理奠定了较好的理论及实践基础。但相较于企业及社会需求的广泛性和适用性而言，它仍有一定的局限性，理论研究与企业实际运作结合度还有待加强。

1.4 供应链技术层协同

供应链协调管理的实现主要是通过核心企业确定相应的信息知识共享战略，构建供应链协同信息平台，将经销商及消费者的需求信息与零部件供应商和其他战略伙伴供应商的上游供应商共享，以实现供应链信息的动态协调。Sahin 和 Robinson（2002）分析了信息完全共享与协同、信息部分共享与不协同、信息不共享与不协同三种不同的信息共享和协同形式之间的关系情况[58]。

技术层协同是供应链实现协同的基础，为战略协同和策略协同提供有力的支持。在技术层协同中，主要以信息技术和协同运作技术为支持。信息技术包括自动识别技术、电子数据交换技术（EDI)/XML、GIS 与 GPS 技术、电子订货系统（EOS）等。实现供应链同步运作的协同技术主要包括多智能体技术、虚拟电子链技术（VEC)、工作流管理技术以及应用软件技术等[59]。

电子订货系统（EOS）是指企业利用通信网络和终端设备，以在线连接的方式进行订货作业和订货信息交换的系统。EOS 有利于减少库存水平，提高管理效率。对于供应链整体来讲，可以实现实时分析商品订货信息，准确判断畅销品和滞销品，有利于调整生产计划，为供应链中成员提供及时准确的销售信息，从而提高供应链运作效率。

在信息技术的支持下，供应链协同运作技术在传统库存领域有 ABC 分类分析法、供应商管理用户库存（VMI)、JMI、CPFR 方法等。JMI 是一种基于协调中心的库存管理办法，是为了解决供应链系统中由于各节点企业的相互独立库存运作模式导致的需求放大现象，为提高供应链的同步化程度而提出的。协同规划、预测和补货（CPFR）是一种协同式的供应链库存管理技术，它能同时降低销售商的存货量，增加供应商的销售量。CPFR 最大的优势是能及时准确地预测由各项促销措施或异常变化带来的销售高峰和波动，从而使销售商和供应商都能做好充分准备，赢得主动。除了库存领域内的协同技术外，还有一些最近发展起来的协同运作技术，其中包括虚拟电子链（VEC）技术，它是在虚拟网络环境下供应链协同运作的主要技术，它连接供应商、贸易伙伴和客户共同作为一个有凝聚力、协同的实体。供应链上的成员在虚拟的环境下运用技术和协同管理在速度、敏捷性、实时控制和客户反映方面可以提高业务运作能力。

多智能体技术采用协商的决策，能够在相同环境中采用不同的解决方法，具有并行性、智能性和柔性的特点。它通常应用在比较复杂的、柔性高的、动态的、开放的分布式环境中，为系统集成、并行设计、实现智能制造、敏捷制造提供了更有效的手段。工作流管理技术则是实现企业业务过程建模、仿真优化分析、过程管理与集成，最终实现业务过程自动化的核心技术。支持协同的应用软件技术主要包括企业资源计划（ERP）、供应链管理（SCM）、供应商关系管理（SRM）、客户关系管理系统（CRM）、业务流程再造（BPR）、供应商管理库存（VMI）等可供企业选择安装的应用软件。另外，近年来随着供应链协同管理思想越来越受到广泛的重视，很多软件公司也致力于供应链协同技术的研发。例如，SAP公司的mySAP供应链解决方案可以帮助企业构建自己的协同网络，使供应链管理从线性连续性进程转化为合作的共同体，使客户和业务伙伴在工作开始时交流更为直接，并能共享更多的信息；IBM公司的协同供应链管理解决方案则以协同决策、透明化的信息传递为基础，通过强化进度安排、优化库存水平、避免失误、过程自动化等来实现以最低的成本、最好的服务、最快的速度来满足客户的需求[60]。

在系统构架的理论研究方面，国内外一些学者也取得了许多研究成果。赵晓敏（2006）提出一种基于多智能代理技术的多智能代理系统架构，用来解决供应链运作过程中各个组成实体之间的一致性、协调性问题[61]。张启文、徐琪（2012）则介绍了SOA和WEB服务组合的系统构架和技术方法，并将该架构和方法应用于一个供应链协同实例中；通过实验证明，基于SOA和WEB服务组合是实施供应链协同过程中对相关异构系统进行整合和协调的有效方法[62]。

综上所述，国内外众多学者和分析机构认为协同技术将成为未来一种全新的、高速增长的和最具发展潜力的领域。因此，企业应具备随市场动态变化的协同能力，协同应用软件必将成为企业信息化、协同化之路的重要工具。

1.5 供应链协同管理的发展趋势

面对全球经济的快速变化、网络通信技术的广泛普及和世界范围内竞争的加剧，供应链协同管理将呈现全球化、多维网络化、智能化和敏捷化的发展趋势。

（1）供应链协同的全球化。全球化供应链协同就是要求以全球化的观念，将供应链的系统延伸至整个世界范围，在全面、迅速地了解世界各地消费者需求偏好的同时，对其进行协同计划、协同采购、协同设计、协同生产、协同库存、协同运输等，从而使全球范围内供应链上的各个节点企业为了共同的目标紧密合作。供应链协同的全球化管理是一种综合性的、适应全球化下企业跨国经营的管理模式，是新时代竞争的迫切要求[1]。

（2）供应链协同的多维网络化。协同网络是指为满足特定的消费者需求，由利用网络技术建立合作关系的若干企业所组成的网络结构。在这种网络内部，协同不仅局限于上下游企业间的协作，所有参与的节点企业在信息共享的基础上各自发挥自身的优势，协同开发和生产，把产品迅速推向市场。网络化协同是供应链实现整体协同、提升供应链整体竞争力的必然要求[1]。

(3) 供应链协同的智能化。智能化协同必须以信息共享为基础，使用信息系统跟踪供应链上的数据流，建立强大的供应链合作，并将数据和关系转变为“智能”，以最佳方式为客户开发最佳产品，最大限度地使客户满意，实现更大的潜在价值。智能可以确定何时出现失控情况，确定失控情况解决方法，创建反应计划，对供应链全部成员的计划进行协商，并使之同步等。随着供应链协同技术的日臻完善，协同必将逐步实现智能化[1]。

(4) 供应链协同的敏捷化。敏捷化协同要以增强企业对变化莫测的客户需求的适应能力为导向，以动态联盟的快速重构为基本着眼点，以网络技术为依托，实现供应链企业间短期内的合作、优势互补[1]。它在强调从整个供应链的角度综合考虑、决策和进行绩效评价的同时，注重柔性、速度和质量，始终追求对客户需求的快速反应，实现利益共享的“双赢”（Win/Win）目标。面对围绕新产品竞争的日益加剧、产品生命周期的缩短和客户对产品和质量的要求越来越高，敏捷性是供应链协同管理的必然趋势。

1.6 本章小结

有关供应链协同管理的研究方兴未艾，涌现出许多有一定水平的研究成果，为指导我国企业供应链协同管理的实践提供了较大帮助。同时，我国供应链协同管理的发展总体水平仍然偏低，仍有许多相关问题亟待研究和解决。综合目前研究情况来看，对于供应链协同的研究更多是集中在“虚构”供应链的协同研究上，也就是构建一个简单化的供应链，不涉及具体产业，在诸多理论假设条件下进行理论意义上的分析研究，对于供应链协同机制、技术的研究一直是供应链协同研究的重点和热点。目前供应链协同的研究方法和研究思想种类繁多，随着经济全球化和信息技术的发展，跨国供应链网络日益复杂，这将成为供应链协同研究的一个新视角。

2　我国农资流通供应链发展现状

农资流通企业主要是指以农资批发、零售为主营业务的各级农资经营企业。农业生产资料（简称“农资”），是指在农业生产过程中用以改变和影响劳动对象的物质资料和物质条件，广义的农资主要包括农业运输机械、生产及加工机械、农药、种子、化肥、农膜等[63]。狭义的农资主要包括化肥和农药两类物资。在实际的流通过程中经营化肥和农药的企业相同，涉及的流通环节和流通渠道相同。因此，本书所研究的农资主要指狭义的农资，书中所指的农资流通供应链主要由农资生产企业、农资流通企业（分销商和零售商）所构成的下游农资供应、分销网络。本书将以农资流通企业为核心，重点研究农资供应链下游各级农资分销商、零售商之间的协同问题。本章重点介绍我国农资流通供应链的发展现状。

2.1　农资行业及农资企业发展现状

农资是农业生产不可或缺的重要物资，也是发展现代农业的关键物资。农资流通企业则处于农资生产和消费的中间环节，是农资行业的重要组成部分。当前，随着农资流通市场竞争的日益激烈，农资流通企业必须改变各自为政的竞争策略，通过战略合作和资源共享提高自身竞争力。因此，农资流通企业应积极应用供应链的管理思想，在市场需求预测、计划的制订、库存策略的选择及物流功能的运作方面与上下游企业协同运作，才能在市场竞争中占据有利地位。

近年来，农资行业高速发展，生产技术逐步成熟，产品产量稳中有降，各品种农用肥施用比重有所变化。如图 2-1 所示，2020 年我国农用肥产量达 5495.97 万吨，其中氮肥 3702.48 万吨，磷肥 1057.18 万吨[2]；在化肥施用方面，氮肥和复合肥施用的比重较高，分别达 34.92%和 42.30%，磷肥、钾肥的需求有所下降，2020 年施用量分别为 653.85 万吨和 541.91 万吨[64]。

从农用化肥的供需变动趋势来看，化肥行业除钾肥以外，氮肥、磷肥等常规肥料已经出现了供过于求的局面。近两年虽然由于限产的影响，肥料的产量增长放缓，但肥料的供应仍然处于高位；再加上我国能源出口的限制及关税的提高，出口量下滑明显，导致国内化肥市场竞争日益激烈，传统的以囤货、买断获得购销差价为主要获利来源的农资流通企业亏损严重。因此，越来越多的化肥生产、流通企业市场竞争压力巨大，潜在风险增加。

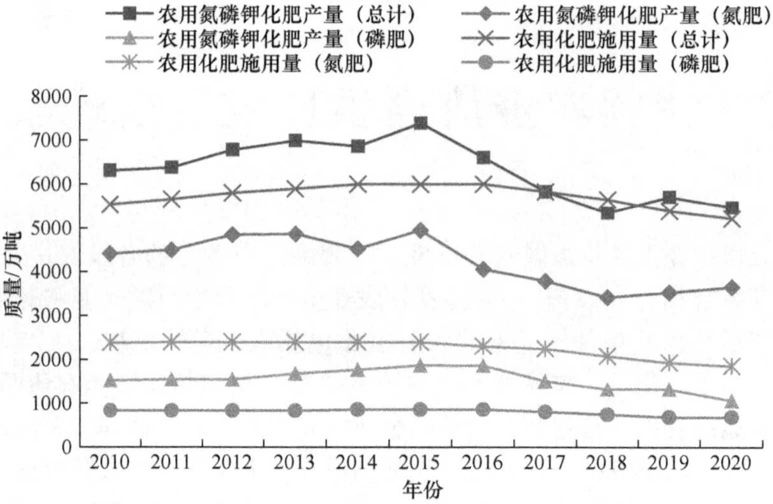

图 2-1 我国化肥产量与施用量走势图

对于农药行业来说，如图 2-2 所示，近几年我国农药市场一直处于供大于求的局面。2020 年农药产量约为 214.8 万吨，国内总需求量估计降至 136.68 万吨，再加上受国外新型的低毒高效农药产品的冲击，产能过剩引发的竞争日趋激烈[64]。因此在新的供应链管理环境下，无论是生产企业还是流通企业如何从系统的角度处理农资的产供销问题，如何建立协同、共赢的农资供应链管理体系，实现优势互补，增强整体竞争力，提高市场份额的目标，是当前多数农资企业研究的重要方向。

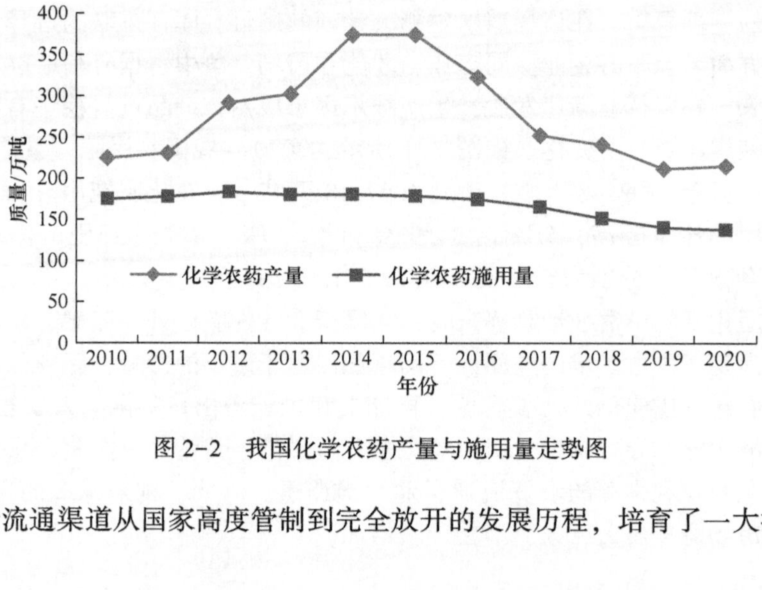

图 2-2 我国化学农药产量与施用量走势图

农资流通渠道从国家高度管制到完全放开的发展历程，培育了一大批实力强劲的农资流通企业。国有控股及参股的农资流通企业主要有中国农业生产资料集团公司（简称“中农集团”）、中国中化集团（简称“中化集团”）和各省、市、县级农业生产资料公司（简称“农资公司”）。当前，集产供销于一体的中农集团和中化集团的销售网络遍布世界各地，是我国实力最为强劲的两大农资生产流通企业；各省级农资公司以密集的销售网点优势成为本省内实力最为强劲的农资流通企业，近些年虽然也不断尝试突破传统的行政区划限制进行跨省经营，但是规模仍非常有限；各市县级农资公司近些年来由于不断受到省级农资公司的打压和个体私营企业的冲击，经营规模和市场份额不断萎缩，甚至濒临倒闭。随着化肥市场的放开，合资农资企业及个体私营农资企业如雨后春笋般遍布全国，虽然打破了传统国有控股企业的垄断地位，但是多小散乱的经营格局加剧了农资市场的争夺。同时，越来越多的农资生产企业开始探索产供销一体化经营策略，不断在一些农业大省、粮食主产区设立终端销售网点，又进一步加剧了农资市场的竞争，使得单纯依靠品牌代理和赚取买卖差价为主的农资流通企业举步维艰，迫切需要探索未来获得竞争优势之路。

本书实证部分以河北省 HN 农资流通企业为中心，重点研究其与上下游企业协同运作问题。河北省是农业大省，种植业较为发达，现有耕地面积 598.9 万公顷[65-66]，不但是全国三大小麦集中产区之一，也是玉米、谷物、花生及果蔬等上百种作物的重要生产基地，因此，该省必然成为农资生产及流通企业的必争之地，其农资市场的竞争格局是我国农资市场竞争的缩影。当前，化肥、农药等农资产品质量、价格趋同，品牌及服务的竞争日益成为农资生产及流通企业竞争的主要领域。企业单打独斗的时代已经过去，企业之间的竞争日益转变为供应链与供应链之间的竞争。

目前，河北省内主要的农资流通企业包括中农集团、中化集团、河北省农资公司和各市、县级农资公司、个体私营企业及大型农资生产企业的销售子公司。其中中农集团、中化集团销售网点遍布全国，两家企业虽然资产雄厚、品牌影响力强，但其在河北省内的销售网点非常有限，所占市场份额并不突出。河北省级农资公司以销售网点密集、销售人员本土化的优势，成为河北省区域内强有力的竞争者，所占份额近 50%；而各市、县级农资公司和个体经营者虽然在品牌及服务方面具有劣势，但其经营灵活多样，仍然是河北省内不可或缺的销售力量。近几年全国各大农资生产企业，如云天化集团有限责任公司、山东鲁西化工股份有限公司、安徽六国化工股份有限公司等开始尝试在河北省内派驻销售人员、设立办事处和销售网点，由于非本土化经营及投入资源不足等原因，因此其所占市场份额并不大。

HN 农资公司是河北省内一家较大型的农资连锁经营企业，具有七十余年经营化肥、农药等农资商品的历史，是商务部“万村千乡市场工程”建设试点企业，年销售各类化肥190余万吨、农药5000多吨，销售收入近48亿元[4]。该公司在河北省内多个交通枢纽以及大的农业市、县建有完善的仓储设施，自建及租赁仓储面积100余万平方米，下属21个全资分公司、12个区域配送中心，营销网络覆盖全省及周边省份，下游辐射近200家县级分销商和5000多家各种类型的加盟店，是该省实力雄厚的农资龙头企业[67]。

2.2 农资流通供应链特点

2.2.1 农资流通供应链环节多而复杂

农资流通供应链主要由农资生产商、农资分销商、农资零售商和用户（包括终端零散用户、大客户和行业用户）构成，其中农资生产商主要通过品牌代理或长期购销协议与农资分销商建立合作关系，同时也在发展向零售商、种田大户及行业用户的直销模式。农资分销商对于下游终端分散农户主要通过建立连锁门店（直营店、加盟店）和零售企业完成农资产品的销售活动；对于终端大客户（种田大户、农业合作社、行业买家）则绕过零售商采用直销模式。行业用户（复合肥及新型肥料加工商、流通加工商）则主要通过掺混、再加工等手段将大宗单一功效农资产品转化成多效能复合农资，最终供给终端大客户和零散个体农户。如图2-3所示，随着农资流通市场化程度越来越高，使得农资流通方式多样，环节复杂，各流通渠道竞争激烈。

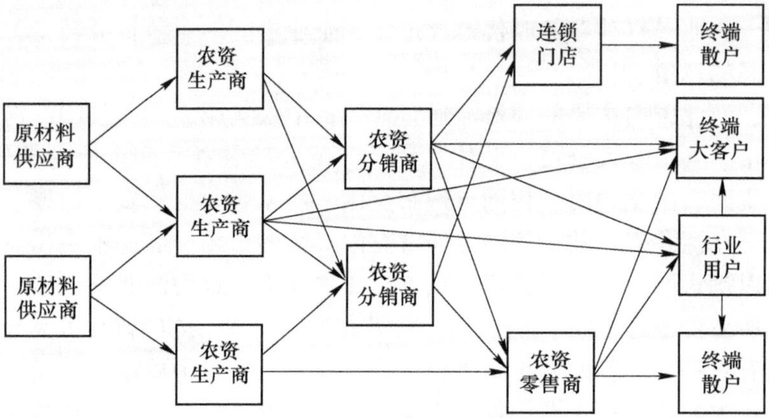

图2-3 农资供应链结构模型

2.2.2 农资流通供应链上的协同问题日益突出

由于供应链节点企业之间目标不一致性和来自于供求的不确定性普遍存在，

使得供应链失调问题常常出现。尤其是像农资流通供应链这样，结构复杂多样，失调问题更为严重，而且协同运作的难度更大；再加上农资流通终端多、小、散、乱的竞争格局，加剧了农资流通供应链失调问题，供求矛盾日益突出，社会资源浪费严重。农资流通供应链不经济、低效率的运作方式不但给农资流通企业带来沉重的负担，也导致企业之间不信任、不同步、相互推诿责任现象普遍存在。因此，缓解供应链失调问题，加强企业之间在预测、生产、物流方面的协同运作，离不开有效协同机制的建立和协同方法的运用。

2.2.3 农资流通供应链盈利能力与反应能力并重

化肥、农药等农资产品属于季节性较强的功能性产品，决定了农资流通供应链盈利能力与反应能力并重。一方面，农资产品属于功能性产品，成本高，利润率低。对于农资流通供应链来说，如何增大农资产品的利润空间，获得更大盈利能力是其管理的目标之一。因此，只有加强供应链各级节点企业的协同实现成本降低，才能获得盈利能力的提升；另一方面，由于农资产品的需求受季节及气候的影响较大。一年中，需求量较大的月份集中在2~4月、5~7月和9~10月，且南北方地区差异较大。同时，农资产品的需求还受降水、气温、光照影响，农户对其需求的时间性非常强，需求数量呈现不规则波动。因此，农资流通供应链必须通过加强企业间协作，提高自身反应能力来应对这种不确定需求。

2.2.4 物流日益成为农资供应链管理的重点

未来企业之间的竞争实质是供应链之间的竞争，而供应链间竞争的重点不是在制造领域而是在物流领域，这一点在农资供应链中体现尤为突出。农资物流运作效率的高低直接决定了农资供应链协同运作的效果和市场竞争能力的强弱。当前，物流成本在农资流通成本中所占的比重越来越高，物流运作与管理问题日益突出，引起了越来越多农资流通企业的重视。但是多数企业还只停留在企业内部单一物流功能的整合上，缺乏应用供应链思维来解决物流问题的能力。如何合理分担库存，如何进行协同预测和补货，以及如何及时、准确、高效地完成多级、多客户配送任务等问题都是农资流通供应链上各级节点企业无法回避的难题。

2.3 农资流通供应链竞争趋势

农资流通企业为农资生产企业和广大农户架起沟通的桥梁，是农资供应链的重要组成部分。当前，随着农资流通市场竞争的日益激烈，农资流通企业必须改变各自为政、单打独斗的竞争方式，走战略合作和资源共享之路。因此，在新的市场环境下，农资流通企业应用供应链的管理思想，加强同上下游企业的协同性，是提高自身竞争能力的根本途径。

(1) 农资企业之间的竞争转变为供应链之间的竞争。随着市场竞争的愈加激烈，很多企业认识到企业之间的竞争已经转变成其各自所在的供应链与供应链之间的竞争。如图 2-3 所示，不同的农资流通企业处于不同的供应链中，这些企业与上下游企业之间关系错综复杂，共同构成供应链网络。上游原材料的供应商、生产商所提供的产品质量、成本、售价以及交货期和信息共享程度等，决定着下游流通企业乃至整条农资供应链的市场竞争力。另外，农资供应链的竞争力同样会受到其下游不同层级的流通企业如连锁门店、终端销售网点的分销能力、分销成本的制约。因此，当前很多有实力的农资企业开始尝试应用供应链的思想来管理企业，不但注重供应链的后向整合，更注重其前向整合，通过与上下游企业建立联盟关系来增强竞争能力。

(2) 企业间的敌对竞争转变为合作性竞争。竞争虽是企业发展的永久主题，但是当今企业之间的竞争不再是互打价格战、完全敌对的竞争。为了充分利用各方资源，减少资金投入，避免两败俱伤，越来越多的企业开始与其上下游企业在多领域展开合作。对于农资生产企业和流通企业而言，这种通过建立联盟关系，实现优势互补，增强各自竞争能力的趋势越来越明显。农资行业属于资本密集型产业，其占用资金量大、季节性强、投资回收期长，一些农资企业为了快速回笼资金，降低市场风险，往往在产品供应、生产、销售方面寻求合作。因此，利益共赢、风险共担的合作性竞争将成为农资供应链发展的主旋律。这种合作性竞争既能共享资源，又能取长补短，符合多方利益。

(3) 产品竞争转变为服务竞争。服务竞争是当今市场经济的一种崭新的竞争形式，它是企业为满足顾客需要、提高顾客满意程度而进行的市场竞争。对于消费者而言，在产品质量和价格没有很大差异时，他们更关注产品的售前、售中和售后服务。在整个农资行业，随着产品标准化的建立和生产企业技术的逐渐成熟，产品同质化的趋势越来越明显。对于多数农资产品而言，质量趋同，功能差异不大，能够激发广大农民购买欲望的卖点就是服务，这些服务包括售前技术指导、测土施肥、物流服务、信息反馈、安全保障等。农资供应链之间的竞争归根到底是对顾客的争夺。只有服务于顾客、满足其需求，提高其忠诚度才能使企业立于不败之地。

(4) 库存能力的竞争转变为运输及配送能力的竞争。发生这一转变的原因有三点：其一，近些年来，农资供应市场受国内外经济及政策影响较大，波动明显，价格忽高忽低，传统的以“囤货”为盈利模式的农资分销商和零售商受到巨大冲击，高库存带来了高风险。其二，农资产品占用资金大，利润率低的特性日益突出，越来越多的分销及零售企业为了节约流动资金，不得不大幅降低库存。其三，交通基础设施逐步完善和物流业的高速发展，社会运输及配送能力得到大幅提升，库存功能弱化，越来越多的企业更加依赖运输及配送能力的提升来应对市场需求的波动。因此，对于农资流通供应链来说，如何加强运输及配送协同管理工作，提高运输及配送的能力和效率，是农资供应链物流管理的重点内容之一。

综上所述，农资供应链未来的发展趋势充分证明，农资供应链要想获得竞争优势，其中的关键一环就是实现与上下游企业的协同。因此，有必要科学分析农资流通供应链协同的影响因素，探索在预测、库存、运输及配送等方面的协同方法，以实现农资供应链高效运作。

2.4　农资流通供应链存在的主要问题

当前，在整个农资市场供过于求的背景下，农资生产及流通企业面临诸多挑战与问题，主要体现在以下几个方面：

（1）对于市场需求变动的反应能力差。一方面由于农资流通企业与农资生产企业信息缺乏共享，产品供应情况掌握不及时、不完整，导致盲目进货和高位存储；另一方面由于信息渠道单一，对于市场需求动向把握不准，反应能力差，导致供需不协调。因此，面对市场需求的突变，农资流通企业很难做出快速的反应和判断，库存积压与错失销售时机的情况经常发生。

（2）难以有效跟踪、监管终端零售商。虽然众多农资生产及流通企业建立了一定规模的销售网络，但是连锁经营模式的运作与管理还处于不成熟阶段，存在着很多问题，有很长的路要走。如以农家店、加盟店、直营店存在的众多小型农资零售企业参差不齐、形式多样、分布范围广，难以管理和监控，一遇到市场行情不稳情况或货物丢失问题，相互推诿责任，争利现象严重。

（3）各级节点企业的协作性差。目前，各大农资生产企业纷纷探索直营销售模式，跳过代理商及分销商建立自己的销售网络，导致农资市场的竞争更为激烈。这样，不但造成市场竞争秩序混乱，而且也增加了物流及营销成本。再加上农资流通企业对供应商关系管理的不完善，缺乏有效的分类管理，导致关系松散，难以以共赢为基础进行合作。同时，各企业间信息的封闭，导致农资供应链上的“牛鞭效应”非常显著。

（4）现代物流与供应链管理观念淡薄。农资物流涉及农资的运输、仓储、配送、包装、装卸搬运等活动，其所发生的费用是农资流通费用的主要构成部分。当前，由于物流管理人才的缺乏及物流管理观念的落后，企业并未真正认识到物流管理的重要性，一味地强调销售，忽略了产品生产和销售过程中物流的合理化及效率问题，导致物流各环节脱节，流通效率低，流通成本高昂，企业获利空间越来越小。

2.5 农资流通供应链研究现状

目前国内外学者对于农资流通领域的研究，主要集中在农资市场建设及需求预测研究、农资连锁经营研究、农资物流与供应链管理等几个方面。

(1) 农资流通市场建设及供求研究现状。在农资流通市场建设方面，Hedley等人（1989）较早分析了印度尼西亚的化肥补贴政策，讨论了对于商品和化肥供应及需求的相关弹性变化，并对农业部取消补贴的效果进行了模拟仿真[68]。Omano（2001）分析了自由市场环境对肯尼亚化肥贸易的影响[69]。牛晓灿（2016）对我国农资流通市场存在的问题及市场结构方面进行了分析[70]。梁吉星、李双奎（2016）通过对甘肃省农资企业进行分析，提出了细化市场的“差异化战略”、提升用户体验的“蓝海战略”、加快转型升级的“互联网+云平台”战略、提升农资企业品牌的“品牌战略”和农资流通市场的“制度创新”战略[71]。

在农资价格及市场服务方面，Alene（2008）分析了与价格因素及非价格因素相关的不同交易成本下对小农户进入玉米供应及化肥需求市场中的影响[72]。王祖力、王济民（2011）则从市场供求关系、原材料价格、国际市场动态、粮食价格及化肥流通体制等方面对影响化肥市场价格因素进行了分析，指出粮食价格上涨、原材料价格提高是拉动化肥价格上涨的重要因素；同时，他们认为化肥供需缺口的加大及上一年价格的惯性拉动作用也是化肥价格上涨的因素之一；而国家对化肥价格的管制政策效果并不理想，甚至起到了反市场的作用[73]。浙江农资集团胡大为（2017）认为在竞争日益激烈的农资市场必须进行品牌建设，增强企业的服务能力[74]。朱晓莉等人（2016）结合湖南的“田田圈”农业服务中心，提出了“互联网+”嵌入专业化服务是未来互联网融合农业的具体实践形式[75]。

(2) 农资连锁经营及竞争力方面的研究现状。在农资连锁经营领域的研究主要集中在连锁经营的模式、服务体系的建设、发展策略等方面。我国农资连锁经营发展已经呈现出多样化发展趋势，但农资连锁经营环境仍然不完善。于宏、王丽红（2016）认为，应该从培育优质农资连锁经营企业、创新农资连锁经营模式和完善农资连锁环境三方面促进农资连锁经营向更高层次发展[76]。庄勤（2010）认为，农资连锁经营企业既要加强企业规范化管理、建立公平竞争环境，又要加强人员的业务素质和道德培训，还要注重信息化配送系统的建立[77]。为构建符合我国实际、经济高效的农资流通模式，李万君、李艳军（2014）在归纳我国农资流通模式发展现状及存在问题的基础上，结合品牌链动力理论及当前农村地区出现的农资品牌链动力购买现象，提出了农资品牌链动力流通模式的构想。具体方法是：利用品牌联动效应，通过农资生产商的联盟、经销商的科学配置和组合，借助于现代区域配货中心和信息汇总中心，来实现明星品牌带动其他品牌产品销售或各种品牌产品在销售中相互促进的效果，从而降低流通成本、提高流通效益[78]。田润芙和王春航（2014）通过对农资连锁 RE 公司的推广模式进行剖析，认为市场化信息推广模式具有可持续性强、自我学习、自我发展等诸多优点，是解决“最后一公里”问题的一种有效方法[79]。刘松、汪发元（2015）认为，在农资流通网络优化时要加强对终端代理商的监控，将代理关系转化为能落实统一“定价策略”的紧密合作关系，同时在发展战略上弱化其农资代理商的角色，而强化其作为区域性农资交易社会化服务平台的功能[80]。

（3）农资物流及供应链管理研究现状。在农资物流与供应链管理方面，众多学者分别从农资供应与销售物流、配送网络建设及选址、供应链的构建等方面进行了一定的研究。陈凯等人（2009）对中国化肥供应物流存在的问题进行了深入分析，提出了建立一种集运输、仓储、配送、流通加工等功能为一体的省级的农村化肥物流中心，下设地区级配送中心、乡镇级配送点的物流模式[81]。王磊（2010）则结合河南省农资物流发展现状，提出了河南省农资物流发展的方向和思路，指出农资物流体系的完善、农资信息网络平台的建设、农资连锁经营的推进是河南省农资物流良性发展的可行途径[82]。杨云超（2010）、杨军等人（2012）分别对村镇级、县级农资连锁配送网络建设及优化问题进行了研究[83-84]。在供应链管理方面，王静（2009）提出了基于 CAS 的化肥供应链建模方法[85]，张磊等人（2012）则应用双层规划法对农资供应链覆盖率进行了优化研究[86]，刘星等人（2007）从产品质量、产品价格、交货能力等方面建立化肥供应商综合评价指标体系，建立了基于 BP 神经网络的化肥供应商选择模型[87]。

综上所述，目前国内外学者在农资流通市场建设、农资物流与供应链管理方面取得了很多的研究成果，并分别从定量与定性两个角度对农资流通企业竞争力、流通模式、流通环节展开研究。但是，多数都停留在对农资流通企业某一个环节展开研究，对供应商关系和客户关系领域的研究较少，尤其是站在供应链协同的角度，结合某一地区对若干农资流通企业形成的农资流通供应链的实证研究的成果较少。因此，本书将以此为切入点，重点研究农资分销商与下游零售商之间的协同问题。

2.6 本章小结

我国是一个农业大国，农资是保障农业生产的战略物资之一，其生产及供应问题关系到农业生产的可持续性和农民生活的稳定性。当前，随着市场经济的高速发展，农资市场从政府管制到全球开放格局的形成，农资行业竞争态势也发生着深刻的转变，逐步由单打独斗转变成合作性竞争。农资生产及流通企业要想获得竞争优势，必然离不开协同、共赢的农资供应链体系的建立。因此，企业需要充分认识到供应链管理的重要性，以协同理论为指导，对供应链协同的关键因素进行综合评价和度量，并对其进行关联研究，才能改善协同运作效果，成功推动企业供应链运营的进步与完善。

3 农资流通供应链协同影响因素研究

供应链协同管理就是对供应链节点上企业间的合作所进行的管理。供应链协同管理与传统的基于物流的单一的企业供应链管理是不同的，它更强调企业间的合作与协调机制，强调用系统的观点来审视整个价值链，强调最终客户的需求和整个价值链的增值，最终使整个供应链的价值达到最大化。供应链协同是以信息的自由交流、知识创新成果的共享、相互信任、协同决策、无缝连接的生产流程和共同的战略目标为基础。从供应链协同的定义可知，供应链不协调的瓶颈，即有哪些因素使供应链配合不够好，从而导致物流、信息流、资金流不畅。企业实现供应链协同的关键是企业内部供应链和外部供应商及客户的协同，这也是供应链协调管理的精髓所在。

3.1 关键影响因素关系假设与调查问卷设计

当前，国内外学者认为供应链协同的影响因素主要分为技术性要素和非技术性要素。多数研究者认为技术性影响因素是建立供应链伙伴关系和供应链协同的基础，可以为实现供应链的同步运作和信息协同提供保障。Mclvor 和 Humphreys 等人（2003）分析了供应链成员间的协作程度受电子商务技术的影响，认为电子商务有助于加强客户信息管理，提高交易流程的效率，与供应商建立更密切的关系[88]。Haiwook 和 Hae-yeon（2002）认为跨企业 IT 基础设施建设的强度和范围越大，企业间网络化合作的层次就会越高[89]。

影响供应链协同的非技术因素，主要包括组织文化和内部管理等组织内因素和组织间合作关系因素。Barratt（2001）认为供应链协同的主要因素分为三类：协同文化要素，如信任、双赢、信息共享、公开和沟通等；管理因素，如跨功能活动、流程联合、共同决策、供应链绩效评估；战略支持因素，如资源承诺、企业关注、具体业务和技术支持[90]。Sandberg（2007）则认为企业内部管理对供应链协同有重要影响，尤其是高层管理是高强度协同的重要驱动力[91]。孙文红（2012）研究了合作伙伴关系、信息共享、利益共赢、风险共担等因素对供应链协同有正向影响，且它们之间也存在不同程度的相互作用[92]。Sheu 和 Yen（2006）认为供应链企业间的相互依赖性、信任、沟通及信息共享等因素是协同性供应链伙伴关系的关键影响因素[93]。Akkermans 和 Paul Bogerd 认为实现供应链协同的关键要素除需要一定的技术支持外，更需要供应链各节点企业的共同努力、相互信任和信息透明度[5]。

3.1.1 农资流通供应链协同影响因素分析

通过借鉴供应链协同的相关研究理论，在分析农资流通供应链特点的基础上，本书提出影响农资流通供应链协同的关键因素包括供应链合作伙伴关系、信息共享、利益共赢、冲突解决、资源共享和软硬件基础设施[89]六大方面。

（1）供应链合作伙伴关系（SCP）。目前，对于供应链合作伙伴关系还没有统一定义。Lambert 和 Gadner（2004）认为，合作伙伴关系通过相互信任、共担风险和共享利益使合作企业获得竞争优势[94]。汤世强（2006）认为，供应链伙伴关系形成的条件包括信息、资源与收益共享、共同的目标及风险共担[95]。马士华（2016）则认为供应链伙伴关系可以定义为一种共享收益的协议关系，主要特征为供应商与制造商在一定时期内共享信息、共担风险[96]。Daugherty 等人（2006）也认为，要实现跨企业的供应链协同应在信息的共享程度、战略的协同规划与业务的同步运作方面做出努力[97]。因此，可以认为供应链合作伙伴关系与供应链企业之间的协同运作关系极为密切，其对协同目标的实现有重大影响，可以认定合作伙伴关系是影响供应链协同运作的一个首要因素。

综合以上观点，本书认为供应链伙伴关系是指供应链节点企业之间形成的相互信任、利益共享、风险共担的战略性合作关系。因此，本书对于供应链伙伴关系将主要从目标一致、信息共享、收益共享、风险共担、协同决策等方面进行研究。

（2）信息共享。信息共享既是供应链管理的基石，也是实现供应链协同的必要条件之一。供应链合作伙伴之间通过信息共享，可以准确了解对方的需求和决策变动，以便做出快速的调整和应对，防止信息在逐级传递过程中发生扭曲和延迟问题，缓解“牛鞭效应”带来的负面影响[96-97]。由于农资需求带有很强的季节性，市场需求在较短时间内波动非常大，因此农资供应链要实现协同必然依靠成员企业间共享供应及需求信息。一方面，通过信息共享，农资生产商可以根据下游企业的销售情况及时调整生产计划和产品的供应计划，以实现准时供应；另一方面，农资销售企业可以实时了解农资供应状态和需求状态，从而灵活地调拨物资，快速地抓住市场销售时机。

信息的有效共享有利于增强合作双方信息处理能力和风险应对能力，防止信息扭曲、失真，更便于供应链企业间协调一致的运作。因此，本书主要从供应链上企业间生产及供应信息、市场预测及需求信息、物流信息等方面共享程度研究相关问题。

（3）利益共赢。供应链上成员企业之所以会结成合作关系，其根本的原因是通过合作可以共担风险，共享利益。供应链在协同运作过程中存在着各种风险，既有来自于生产、供应、物流等内部的风险，也有来自于政治经济环境、市场需求波动、政策方针等外部的风险[98]。不同成员企业所承担的风险各不相同，因此供应链利益的分配方案应与节点企业所承担的风险相对等。另外，尽管每个成员企业都是独立的经济实体，最终目标都是获得利益，但供应链上的企业都应该是建立在共赢基础上的合作。因此，供应链的成员企业间应建立公正合理的利益分配机制，以共赢、多赢为前提，防止因利益分配不公损害个别企业的利益，进而阻碍供应链协同运作目标的实现。

综上所述，利益共享必然成为影响供应链协同运作实施的一个重要且关键的要素，本书主要从供应链上企业间风险分担、利益分配、合作共赢等方面来研究利益共赢问题。

(4) 资源共享。资源共享既是供应链合作伙伴关系的重要特征，也是实现供应链协同的重要条件。在供应链管理环境下，资源分为内部资源与外部资源两类。所谓内部资源，是一个企业拥有的知识、技术等无形要素和人财物等有形要素[91]。而外部资源一般是指企业不具有所有权，但是可以通过一些手段或方法能够被企业所使用的人财物等，泛指企业以外无偿或有偿使用的物资、技术等要素。

合理利用与共享企业内外资源，不但有利于合作伙伴间资源的高效利用，还有利于供应链协同运作目标的实现。因此，本书主要从资源共享的能力、水平、意愿等方面来研究供应链合作伙伴间的资源共享问题。

(5) 冲突解决。由于供应链上企业众多，且各企业目标、利益及认知上都存在较多差异，因此，供应链企业间产生不同意见、发生冲突是不可避免的。供应链运作过程中主要的冲突包括目标冲突、程序冲突、人际冲突和认知冲突四类[91]。目标冲突是指合作双方在战略目标的制定、预期收益、绩效评价方面存在差别而引起的争议。程序冲突主要是指合作双方对于程序类问题在执行方式、处理流程、管理模式上造成的差异；人际冲突主要是指人员之间在沟通或合作过程中由于某些不当言语或行为引起的情绪抵抗；认知冲突是指双方在合作过程中由于对某些事物理解、认识上的不一致导致思想意见不统一。另外，冲突又可分为企业内部冲突和企业之间的冲突两种。相对而言，企业间的冲突更复杂、更难以协调[98-100]。

供应链的冲突主要是指节点企业间发生的冲突。因此，本书主要从冲突机制的建立、预警、沟通、解决等方面来重点研究企业间供应链合作伙伴间冲突解决问题。

(6) 软硬件基础设施。供应链成员企业要想实现协同运作离不开现代化的软件技术和硬件设施的支撑，先进、兼容的软硬件设施有利于企业间实现业务的无缝化衔接。目前，应用于企业管理的软件系统非常丰富，为企业进行日常管理提供诸多便利。但是，企业在合作过程中，往往受制于企业间软硬件冲突，严重影响了企业之间同步协调运作。因此，软件的兼容性、表单与数据文件的标准化问题非常重要。在硬件设施建设方面，主要包括通信设施和物流设施设备。未来企业间的竞争不在制造而在物流，物流设备的机械化、自动化程度也日益成为影响企业间协作的重要因素[99-100]。

供应链软硬件基础设施建设工作是实现供应链协同运作的基础性工作。本研究主要从数据文本的标准化建设、软硬件的兼容性、完善程度等方面来研究供应链企业软硬件基础设施情况。

3.1.2 影响因素关系模型及关系假设

供应链协同的关键因素有供应链伙伴关系（SCP）、信息共享（IS）、利益共赢（BW）、资源共享（RS）、冲突解决（CR）和软硬件设施（SH）。通过对现有理论成果的分析，构建供应链协同影响因素关系模型如图 3-1 所示。

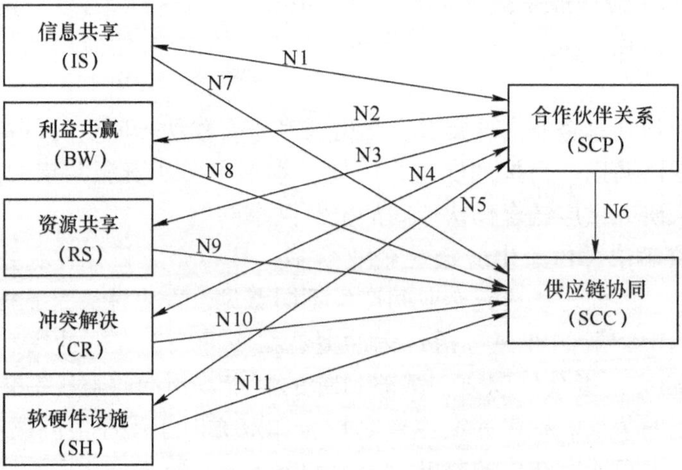

图 3-1 农资流通供应链协同影响因素结构关系模型

根据查阅资料及经验判断，提出见表 3-1 的假设。

表 3-1 供应链协同影响因素关系假设

序　号	假设关系描述	符号表示
N1	供应链伙伴关系与信息共享存在共变关系	SCP↔IS
N2	供应链伙伴关系与利益共赢存在共变关系	SCP↔BW

续表 3-1

序　号	假设关系描述	符号表示
N3	供应链伙伴关系与资源共享存在共变关系	SCP↔RS
N4	供应链伙伴关系与冲突解决存在共变关系	SCP↔CR
N5	供应链伙伴关系与软硬件设施存在共变关系	SCP↔SH
N6	供应链伙伴关系对供应链协同有正向影响	SCC←SCP
N7	信息共享对供应链协同有正向影响	SCC←IS
N8	利益共赢对供应链协同存在正向影响	SCC←BW
N9	资源共享对供应链协同存在正向影响	SCC←RS
N10	冲突解决对供应链协同存在正向影响	SCC←CR
N11	软硬件基础设施对供应链协同存在正向影响	SCC←SH

本研究将在对部分农资流通企业问卷调查的基础上，用结构方程来检验上述提出的研究模型是否合理与正确，并验证各变量的内部一致性信度和效度，以得出各类因素之间作用关系及对供应链协同的影响程度，为农资流通供应链协同管理的实施提供参考和指导。

3.1.3　影响因素问卷设计与预试问卷分析

在前面对于农资流通供应链协同因素的理论研究基础上，本书借鉴了相关学者的研究成果进行了科学的问卷设计，旨在量化分析影响供应链协同的各因素之间的关系和各类因素对供应链协同的作用程度，以进一步验证本表 3-1 中研究假设的正确性。

本书问卷的调查对象为农资生产企业、农资流通企业（包括农资批发商、零售商）。在被调查者填写问卷时，要求该公司选择其最重要或最主要的合作伙伴按双方合作的实际情况作答。问卷分为三部分：分别是问卷填写说明、被调查者所在企业的基本情况、供应链协同的影响因素问卷，具体内容见附录。

第一部分，问卷填写说明，主要是阐述问卷的调查背景、填写方法及注意事项等内容。通过必要的说明，有利于被调查者更准确、客观地作出判断，打消顾虑，防止产生一些误解或隐瞒，为后续的问卷统计工作提供支持。

第二部分，被调查者所在企业的基本情况，主要包括公司的成立时间、公司性质、年销售额、员工人数和被调查者的职位类别。为了保护调查企业的隐私，减少填写人员的顾虑，问卷采用了不记名填写方式，因此未要求企业填写名称。在影响因素的问卷调查部分，主要从供应链伙伴关系、信息共享、利益共赢、资源共享、冲突解决、软硬件基础设施和供应链协同方面设计相关题项，共 32 个问题，力求从多方面多角度呈现农资企业与合作伙伴协同运作状况，识别供应链协同的关键影响因素，为本研究进行定量分析提供必要的数据支撑，提高研究的科学性和实践意义。

第三部分，供应链协同的影响因素问卷。问卷中的调查题项主要来自于三个方面：一是通过对现有文献资料的分析研究，借鉴较为成熟的量表；二是通过访谈企业高层管理者和咨询相关领域专家、学者，得到较为科学的补充和修正；三是通过自身在该领域多年的研究和判断，进一步完善相关题项。

本问卷采用李克特 5 级量表来反映被调查者所在企业的供应链协同状况与题项的符合程度，从 1 到 5 表示程度不断加深，分别表示非常不符合、比较不符合、一般符合、比较符合和非常符合。

问卷编制完成以后，为保证问卷的科学性与现实性，主要经过了两个阶段的分析与检验。首先，通过访谈多位农资企业的负责人及多位专家学者，获得了很多非常有价值的建议，对于题项的不确切词句进行了修正。其次，进行了预调研工作，在河北省内面向农资生产、流通企业共发放了 100 份问卷，回收 78 份问卷。最后，经过进行相关统计分析，应用单项-总体相关系数 CITC 和 Cronbach's Alpha 系数来测试问卷的内部一致性，以修正不符合的题项，从而获得正式调查问卷。

3.2 问卷的相关统计分析

本问卷的调查对象包括农资生产企业、农资批发零售企业。在地域选择上力图调查范围覆盖全国各地，因此在每一省份都选取了有代表性的农资生产经营企业作为调查对象。在调查对象的划分上，对于全国农资生产企业共调查了 20 个企业，共发放 100 份问卷；全国 23 个省和 5 个自治区的省级农资流通企业各发放 5 份问卷，共发放 140 份；4 个直辖市级农资流通企业，每个企业发放 5 份问卷，共发放了 20 份问卷；市县级农资流通企业共调查了 40 个企业，每个企业发放一份问卷，共发放 40 份问卷。据此，本书作者通过电子邮件、信件、访谈等方式共向 92 家农资生产及流通企业发放了 300 份问卷，回收 251 份，其中剔除不完整和不清晰问卷后，有效样本数为 231 份，达到了 Nunnally 建议的有效样本量至少要大于测量题项 5 倍的基本要求。通过统计分析，调查样本企业的分布情况见表 3-2。

表 3-2 样本企业分布统计

企业特征	分 类	数量	占比/%	累计占比/%
成立时间	3 年以内	2	2.20	2.20
	3~5 年	3	3.30	5.50
	5~10 年	5	5.40	1.90
	10~20 年	7	7.60	18.50
	20 年以上	75	81.50	100
所属行业	农资生产企业	20	21.70	21.70
	农资批发企业	52	56.60	78.30
	农资零售企业	20	21.70	100
企业性质	国有股份制企业	54	58.70	58.70
	个体私营企业	20	21.70	8.40
	合资企业	18	19.60	100
年销售额	500 万元以下	1	1.10	1.10
	500 万~1000 万元	18	19.60	20.70
	1000 万~5000 万元	21	22.80	43.50
	5000 万~1 亿元	22	23.90	67.40
	1 亿元以上	30	32.60	100
员工人数	50 人以下	21	22.80	22.80
	50~100 人	19	20.70	43.50
	100~500 人	32	34.80	78.30
	500~1000 人	16	17.40	95.70
	1000 人以上	4	4.30	100
职位类别	高级管理人员	44	19.00	19.00
	中级管理人员	121	52.40	71.40
	基层管理人员	34	14.70	86.10
	其他人员	32	13.90	100

参与本次调查的企业 21%是农资生产企业，这些企业是农资供应链运作的原动力，决定着农资供应的数量与质量；从事农资批发、零售的农资流通企业占 79%，其中以个体私营性质的中小型企业为主，这些企业是参与农资流通的主要力量。在被调查者中，中高级管理人员占 71%，他们直接参与企业决策，是企业间协同运作的管理者，而基层管理人员及技术人员是企业间协同运作的执行者，因此从被调查企业及人员的构成来看比较符合本次问卷调查的需要。

3.2.1 问卷描述性统计分析

描述性统计可以将调查的数据信息经整理变成有价值和有意义的统计量，以确定统计数据的分布情况。Kline 等人（2008）认为样本基本服从正态分布的条件是：偏度的绝对值小于 3 且与标准误比值的绝对值小于 2，峰度的绝对值小于 10，且与标准误比值的绝对值小于 2[101]。

表 3-3 中，应用 SPSS 软件得到供应链伙伴关系（SCP）、信息共享（IS）、利益共赢（BW）、资源共享（RS）、冲突解决（CR）、软硬件设施（SH）和供应链协同（SCC）共 32 个测量指标，均满足偏度与标准误比值的绝对值小于 2 且峰度与标准误比值的绝对值小于 2 的要求，可以判断样本基本服从正态分布。

表 3-3 描述性统计

项目	题项	统计量	平均值	标准差	偏 度		峰 度	
					统计量	标准误	统计量	标准误
SCP1	Q1	231	3.99	0.586	0.002	0.160	0.051	0.319
SCP2	Q2	231	4.00	0.666	0.000	0.160	0.325	0.319
SCP3	Q3	231	3.98	0.679	0.021	0.160	0.211	0.319
SCP4	Q4	231	3.96	0.648	0.037	0.160	0.401	0.319
SCP5	Q5	231	3.94	0.636	0.051	0.160	0.518	0.319
SCP6	Q6	231	3.97	0.604	0.011	0.160	0.228	0.319
IS1	Q7	231	3.95	0.644	0.048	0.160	0.573	0.319
IS2	Q8	231	4.00	0.646	0.000	0.160	0.480	0.319
IS3	Q9	231	3.97	0.678	0.042	0.160	0.208	0.319
IS4	Q10	231	3.99	0.629	0.010	0.160	0.445	0.319
BW1	Q11	231	3.91	0.608	0.046	0.160	0.313	0.319
BW2	Q12	231	3.95	0.616	0.031	0.160	0.352	0.319
BW3	Q13	231	3.95	0.634	0.038	0.160	0.495	0.319
BW4	Q14	231	3.91	0.591	0.021	0.160	0.155	0.319
RS1	Q15	231	3.96	0.662	0.042	0.160	0.197	0.319
RS2	Q16	231	3.86	0.633	0.125	0.160	0.552	0.319
RS3	Q17	231	3.89	0.629	0.089	0.160	0.497	0.319
RS4	Q18	231	3.91	0.643	0.084	0.160	0.582	0.319
CR1	Q19	231	3.91	0.583	0.011	0.160	0.086	0.319

续表 3-3

项目	题项	统计量	平均值	标准差	偏 度		峰 度	
					统计量	标准误	统计量	标准误
CR2	Q20	231	3.89	0.548	-0.063	0.160	0.209	0.319
CR3	Q21	231	3.89	0.564	-0.024	0.160	0.054	0.319
CR4	Q22	231	3.87	0.552	-0.057	0.160	0.117	0.319
SH1	Q23	231	3.95	0.683	0.066	0.160	0.244	0.319
SH2	Q24	231	3.97	0.700	0.042	0.160	0.247	0.319
SH3	Q25	231	3.90	0.716	0.142	0.160	0.034	0.319
SH4	Q26	231	3.93	0.678	0.091	0.160	0.313	0.319
SCC1	Q27	231	3.97	0.665	0.038	0.160	0.121	0.319
SCC2	Q28	231	4.03	0.722	-0.039	0.160	0.069	0.319
SCC3	Q29	231	4.05	0.753	-0.079	0.160	0.227	0.319
SCC4	Q30	231	3.98	0.740	0.028	0.160	0.165	0.319
SCC5	Q31	231	3.98	0.760	0.036	0.160	0.262	0.319
SCC6	Q32	231	3.94	0.673	0.077	0.160	0.476	0.319

从表 3-3 可以发现，企业在选择合作伙伴时比较注重其商业信用，商业信用好信任度也就较高；在信息共享方面，企业之间倾向于分享市场需求及销售信息，但生产及物流信息共享程度还有待提高；在利益共赢方面，企业间利益共赢机制还不够完善，利益分配仍存在很多问题；在资源共享方面，虽然企业间比较重视相互资源的利用，但在技术、知识等有价值资源方面与对方共享的意愿比较差；在冲突解决方面，双方对潜在的冲突比较重视，但对于已经出现的冲突联合解决的能力较差；在软硬件设施方面，虽然对于业务处理大多数企业都已形成标准的流程及文本，但企业间软硬件的兼容性和衔接性还不高；在供应链协同方面，企业之间的战略目标基本一致，能够协同解决订单中的异常情况，但在协同预测、协同生产、协同物流方面还有待提高。

综上所述，从以上指标的分布来看基本符合正态分布的特征，可以继续进行以下分析。

3.2.2 信度分析

为了进一步分析问卷的可靠性与一致性，还需要进行信度分析。信度是用来衡量量表所测得结果的稳定性和一致性。信度又分为外在信度和内在信度，外在信度通常用再测信度来检验。内在信度在李克特式量表中常用的检验方法是 L. J. Cronbach 所创的 Cronbach's alpha 系数[102]。其公式如下：

$$\alpha = \frac{K}{K-1}\left(1 - \frac{\Sigma S_i^2}{S^2}\right) \tag{3-1}$$

式中 K——量表所包括的总题数；

ΣS_i^2——量表题项的方差总和；

S^2——量表题项加总后方差。

Nunnally（1978）[103]和 De Vellis（1991）[104]认为内在信度 α 系数在 0.8 以上，则表示量表有较高的信度。

本研究应用 SPSS 软件对《农资流通供应链协同方法研究调查问卷》进行了可靠性分析，得到统计结果见表 3-4。从表 3-4 中可以看出，供应链伙伴关系、信息共享、利益共赢、资源共享、冲突解决、供应链协同等的 α 系数均较高，都在 0.8 以上，其中供应链伙伴关系和供应链协同的 α 系数分别为 0.872 和 0.879，而且任何一个题项的删除都不会带来 α 系数的下降。

从表 3-4 中修正的项与总体相关性（CITC，表示该题项与其余题项总分的积差相关性）系数可以看出，相关系数均达到 0.6 以上，符合 CITC 大于 0.5 的要求，表明量表的内部一致性较高，量表的信度较佳。

表 3-4 信度与效度相关统计量

指标	题项	Factor	CITC	Alpha if	Cronbach'	CR	AVE
SCP	SCP1	0.717	0.664	0.852	0.872	0.8723	0.5326
	SCP2	0.772	0.709	0.844			
	SCP3	0.742	0.683	0.849			
	SCP4	0.707	0.654	0.853			
	SCP5	0.723	0.668	0.851			
	SCP6	0.716	0.661	0.852			
IS	IS1	0.730	0.648	0.790	0.831	0.8304	0.5504
	IS1	0.758	0.670	0.780			
	IS1	0.746	0.661	0.785			
	IS1	0.734	0.653	0.788			
BW	BW1	0.772	0.682	0.787	0.837	0.8369	0.5621
	BW2	0.726	0.652	0.800			
	BW3	0.737	0.661	0.796			
	BW4	0.763	0.676	0.790			

续表 3-4

指标	题项	Factor	CITC	Alpha if	Cronbach'	CR	AVE
RS	RS1	0.791	0.691	0.770	0.830	0.8306	0.5516
	RS2	0.701	0.631	0.798			
	RS3	0.698	0.629	0.798			
	RS4	0.776	0.680	0.775			
CR	CR1	0.724	0.631	0.761	0.811	0.8109	0.5175
	CR2	0.697	0.613	0.770			
	CR3	0.734	0.639	0.757			
	CR4	0.722	0.630	0.761			
SH	SH1	0.786	0.705	0.804	0.851	0.8508	0.5877
	SH2	0.768	0.690	0.810			
	SH3	0.744	0.673	0.818			
	SH4	0.768	0.693	0.809			
SCC	SCC1	0.715	0.665	0.861	0.879	0.8789	0.5478
	SCC2	0.713	0.663	0.861			
	SCC3	0.759	0.698	0.855			
	SCC4	0.742	0.689	0.857			
	SCC5	0.796	0.732	0.849			
	SCC6	0.712	0.664	0.861			

注：所有参数估计值均达到 0.01 显著水平。

另外，本研究还应用了潜变量的组合信度（CR）来进一步确定量表的信度水平。组合信度为模型内在质量的判别准则之一，也称为建构信度，其值要利用标准化估计值报表中的因素负荷量来计算，其值越高，则代表测量指标间有较高的内在关联性[105]。其公式如下：

$$组合信度\ \rho_c = \frac{(\Sigma\ 因素负荷量)^2}{(\Sigma\ 因素负荷量)^2 - \Sigma\ 测量误差变异量} \tag{3-2}$$

文献［106］中认为，如果测得的组合信度达到 0.6 以上，则代表潜在变量的组合信度良好，模型的内在质量比较理想。从表 3-4 中潜变量的组合信度（CR）来看，各指标的组合信度均大于 0.8，表明量表的内在质量较好。

3.2.3 效度分析

在信度分析完成后，还要进行效度分析。所谓效度是指测量工具是否能够正确测量出所要反映的特质的程度，通常包括内容效度和结构效度。内容效度是指测量的内容与测量目标的符合程度，一般依据研究者和专家的经验来判断。结构效度是指测量工具可以反映出来的对象的内部结构，其又可分为区别效度和收敛效度。区别效度多应用各观察变量的相关系数是否存在多重共线性来判别；收敛效度一般采用验证性因子分析和平均提炼方差来判别。

潜在变量的平均提炼方差（AVE）又称为平均方差提取量，用于反映潜在变量相较于测量误差变异量所能解释指标变量变异量的程度[106]。其计算公式如下：

$$平均提炼方差\ \rho_v = \frac{(\Sigma\ 因素负荷量)^2}{(\Sigma\ 因素负荷量)^2 + \Sigma\ 测量误差变异量} \tag{3-3}$$

当观察变量能确实有效反映其代表的潜在变量时，其潜在变量应该有较高的平均提炼方差，多数人认为平均提炼方差若大于 0.5，表示观察变量可以有效反映其潜在变量，该潜在变量具有较高的信度和效度。

应用 AMOS 软件，本研究进行了验证性因子分析，确定各测量模型拟合度较好，结果见表 3-4。各题项的标准化因子载荷均在 0.6~0.8 之间，满足大于 0.5 的要求，而且各潜在变量的平均提炼方差分别为 0.5326、0.5504、0.5621、0.5516、0.5175、0.5877、0.5478，均满足大于 0.5 的要求，表明量表具有较好的收敛效度。

表 3-5~表 3-11 显示，各潜在变量的所有观察变量的相关系数均在 0.497~0.640 之间，不存在多重共线性问题，表明量表具有很好的区别效度。

表 3-5　供应链伙伴关系项间相关系数矩阵

指标	SCP1	SCP2	SCP3	SCP4	SCP5	SCP6
SCP1	1.000					
SCP2	0.546	1.000				
SCP3	0.502	0.587	1.000			
SCP4	0.548	0.534	0.512	1.000		
SCP5	0.534	0.554	0.541	0.511	1.000	
SCP6	0.503	0.562	0.551	0.497	0.505	1.000

注：各指标均在 0.01 水平（双侧）上显著相关。

表 3-6　信息共享项间相关系数矩阵

指标	IS1	IS2	IS3	IS4
IS1	1.000			
IS2	0.575	1.000		
IS3	0.534	0.556	1.000	
IS4	0.524	0.546	0.570	1.000

注：各指标均在 0.01 水平（双侧）上显著相关。

表 3-7 利益共赢项间相关系数矩阵

指标	BW1	BW2	BW3	BW4
BW1	1.000			
BW2	0.544	1.000		
BW3	0.564	0.561	1.000	
BW4	0.607	0.549	0.546	1.000

注：各指标均在 0.01 水平（双侧）上显著相关

表 3-8 资源共享项间相关系数矩阵

指标	RS1	RS2	RS3	RS4
RS1	1.000			
RS2	0.547	1.000		
RS3	0.543	0.516	1.000	
RS4	0.625	0.534	0.533	1.000

注：各指标均在 0.01 水平（双侧）上显著相关

表 3-9 冲突解决项间相关系数矩阵

指标	CR1	CR2	CR3	CR4
CR1	1.000			
CR2	0.500	1.000		
CR3	0.539	0.508	1.000	
CR4	0.518	0.512	0.526	1.000

注：各指标均在 0.01 水平（双侧）上显著相关。

表 3-10 软硬件设施项间相关系数矩阵

指标	SH1	SH2	SH3	SH4
SH1	1.000			
SH2	0.615	1.000		
SH3	0.585	0.558	1.000	
SH4	0.592	0.590	0.586	1.000

注：各指标均在 0.01 水平（双侧）上显著相关。

表 3-11 供应链协同项间相关系数矩阵

指标	SCC1	SCC2	SCC3	SCC4	SCC5	SCC6
SCC1	1.000					
SCC2	0.518	1.000				
SCC3	0.524	0.510	1.000			
SCC4	0.555	0.538	0.548	1.000		
SCC5	0.566	0.564	0.640	0.579	1.000	
SCC6	0.500	0.532	0.555	0.531	0.542	1.000

注：各指标均在 0.01 水平（双侧）上显著相关。

综上所述，通过对调查问卷量表进行相关统计分析，表明该量表具有较高的信度和效度水平，符合继续进行分析的要求。

3.3 结构方程模型的建立与假设检验

结构方程模型（SEM，Structural Equation Model）又称为协方差结构分析，是基于变量的协方差矩阵来分析变量之间关系的一种多元统计技术。其常用于进行验证性因子分析、高阶因子分析、路径及因果分析、多时段（multiwave）设计、单形模型（Simple Model）及多组比较等，常用的分析软件有 LISREL、Amos、EQS、MPlus。当前，SEM 是作为一种验证性定量分析方法，较多应用于心理学、社会经济学、组织行为学等领域[107-110]。近些年，SEM 又用于多重样本分析、交互作用效应检验、均数差异分析等方面[111-117]。

3.3.1 结构方程模型的构建

结构方程模型中涉及的变量分为观测变量和结构变量两类。观测变量是指可以通过访谈、问卷调查、实地测量等直接方式得到的数据信息，一般用长方形表示；结构变量又称为潜在变量，主要是指不能通过直接观察或测量的方式取得的变量，一般用椭圆形表示[106]，如图 3-2 所示。

结构方程模型主要由测量模型和结构模型两部分构成。其中，测量模型表示指标和潜变量之间的关系，表示方法如下：

$$X = \Lambda_x \xi + \delta$$
$$Y = \Lambda_y \eta + \varepsilon \qquad (3\text{-}4)$$

式中 X，Y——外因变量和内因变量的测量指标；

ξ，η——外因潜在变量和内因潜在变量；

Λ_x，Λ_y——指标 X，Y 的因素负荷量；

δ，ε——指标变量 X，Y 的测量误差。

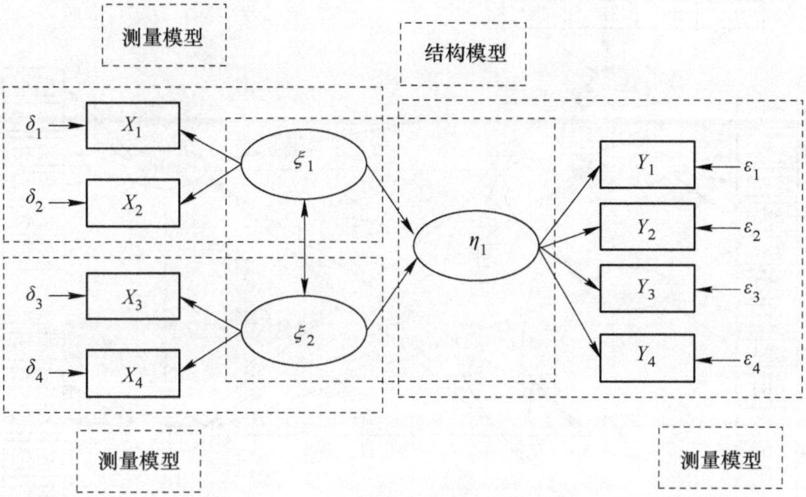

图 3-2 结构方程模型示意图

结构模型用于表示潜变量之间的关系，表示方法为：

$$\eta = \beta\eta + \Gamma\xi + \zeta \tag{3-5}$$

式中 β——内因潜在变量间的回归系数；

Γ——外因变量对内因变量的影响矩阵；

ζ——模型中内因潜在变量无法被外因潜在变量解释的部分，称为残差。

根据图 3-1 农资流通供应链协同影响因素关系模型，应用 Amos 软件画出农资流通供应链协同影响因素的结构方程模型图，如图 3-3 所示。供应链合作伙伴关系（SCP）、信息共享（IS）、利益共赢（BW）、资源共享（RS）、冲突解决（CR）和软硬件设施（SH）是外因潜在变量，假设这些变量间存在共变关系，用双箭头链接。供应链协同（SCC）是内因潜在变量，假设外因潜在变量与内因潜在变量之间存在因果关系，用单箭头连接。除 SCP 和 SCC 各有六个观测指标，IS、BW、RS、CR、SH 各有四个观测指标，e1～e33 表示误差变量。模型中的变量总共有 72 个，其中观察变量 32 个，潜在变量（无法观察）40 个，外因变量（潜变量 6 个和误差变量 33）39 个，内因变量 33 个。

3.3.2 模型分析

将全样本数据代入图 3-3 的结构模型中，运行 Amos 软件，采用极大似然估计法测量模型的拟合指标和路径系数，对之前假设进行检验。

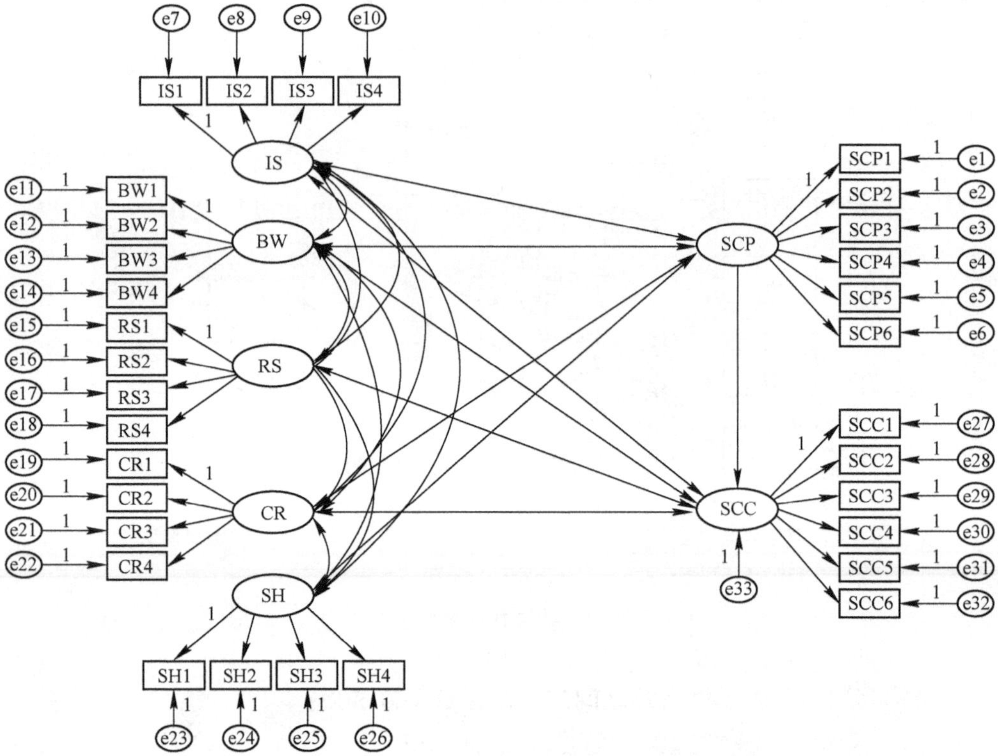

图 3-3 农资流通供应链协同影响因素结构模型

3.3.2.1 模型适配度分析

在 SEM 模型适配度评价中，Bogozzi 和 Yi 认为应从基本适配度指标、整体模型适配度指标、内在结构适配度指标三方面来衡量。基本适配度指标用于初步评判模型是否有违规现象及可辨识问题；整体适配度指标是对模型外在质量的检验；模型内在结构适配度指标主要通过检验各测量模型的信度和效度来评判模型的内在质量[106]。

根据运行结果，均满足文献［106］中的标准。表 3-12 中，除设为固定参数的七个外，其余所有估计参数的标准误很小，未出现负值，均达到显著性水平($p<0.01$)；所有潜在变量与其测量变量间的因素负荷量均在 0.6~0.8 之间，表明假设模型没有违反辨认规则，模型的基本适配度良好。表 3-12 中，除 SCP1、SCP4 和 CR2 的信度低于 0.5 外，其余指标的信度均高于 0.5，各潜在变量的组合信度为 0.8721、0.8304、0.8371、0.8312、0.8107、0.8509、0.879，均在 0.8 以上，平均提炼方差为 0.5323、0.5504、0.5623、0.5523、0.5172、0.5881、0.5479，都高于 0.5，表示模型的内在质量比较理想。

表 3-12 模型基本适配度和内在适配度相关指标

指标	题项	因素负荷量	信度系数	测量误差	CR	AVE
SCP	SCP1	0.705	0.497	0.503	0.8721	0.5323
	SCP2	0.779	0.606	0.394		
	SCP3	0.754	0.568	0.432		
	SCP4	0.700	0.490	0.510		
	SCP5	0.712	0.508	0.492		
	SCP6	0.724	0.525	0.475		
IS	IS1	0.752	0.565	0.435	0.8304	0.5504
	IS1	0.751	0.564	0.436		
	IS1	0.744	0.554	0.446		
	IS1	0.720	0.519	0.481		
BW	BW1	0.768	0.590	0.410	0.8371	0.5623
	BW2	0.734	0.539	0.461		
	BW3	0.738	0.544	0.456		
	BW4	0.759	0.576	0.424		
RS	RS1	0.779	0.607	0.393	0.8312	0.5523
	RS2	0.709	0.502	0.498		
	RS3	0.715	0.511	0.489		
	RS4	0.767	0.588	0.412		
CR	CR1	0.724	0.525	0.475	0.8107	0.5172
	CR2	0.691	0.478	0.522		
	CR3	0.733	0.537	0.463		
	CR4	0.728	0.530	0.470		
SH	SH1	0.784	0.615	0.385	0.8509	0.5881
	SH2	0.767	0.588	0.412		
	SH3	0.748	0.560	0.440		
	SH4	0.768	0.589	0.411		
SCC	SCC1	0.711	0.505	0.495	0.8790	0.5479
	SCC2	0.722	0.521	0.479		
	SCC3	0.751	0.563	0.437		
	SCC4	0.733	0.538	0.462		
	SCC5	0.784	0.615	0.385		
	SCC6	0.738	0.545	0.455		

在SEM模型内在质量的判别中，常常用到潜在变量的组合信度这一指标。在SEM分析中，常常用组合信度（CR）作为模型中潜在变量的信度系数。如果潜在变量的组合信度值大于0.6，则表示模型的内在质量较好。另外一个与组合信度相似的指标是平均提炼方差（AVE），其表示潜在变量可以解释其指标变量变异量的比值，数值在0.5以上表明模型具有很好的收敛效度，其值越大，表示测量指标越能反映其共同因素构念的潜在特质。

在模型整体适配度指标方面，根据Amos输出报表得到模型整体适配度指标值，结果见表3-13。模型的适配指标中，显著性概率值$P=0.978>0.05$，则代表结构模型与实际数据可以契合。GFI、NFI、IFI、CFI均大于0.9，RMR、RMSEA均小于0.05，PGFI、PNFI、PCFI均大于0.5，表明模型与实际数据的适配情况良好，即模型的外在质量佳。

表3-13 整体模型适配度检验摘要

检验统计量	适配标准	检验结果数据	模型适配判断
χ^2	$P>0.05$	$P=0.978$	是
RMR	<0.05	0.015	是
RMSEA	<0.08	0	是
GFI	>0.90	0.911	是
NFI	>0.90	0.901	是
IFI	>0.90	1.017	是
CFI	>0.90	1.000	是
PGFI	>0.50	0.764	是
PNFI	>0.50	0.804	是
PCFI	>0.50	0.893	是
χ^2/df	<2.00	0.869	是

综上所述，从模型的基本适配指标、外在质量判别指标和内在质量判别指标来看，本书提出的理论模型与实际数据适配情况较好，可以进行模型假设的验证结果分析。

3.3.2.2 模型假设验证结果分析

根据Amos输出报表，得到模型假设的关系路径系数见表3-14。外因潜在变量中，供应链伙伴关系与信息共享、利益共赢、资源共享、冲突解决、软硬件设施的相关系数分别为0.48、0.38、0.51、0.50、0.41，表明存在较强的共变关系，之前的假设得以验证。外因潜在变量中除冲突解决（CR）外，供应链伙伴关系、信息共享、利益共赢、资源共享、软硬件设施与内因潜在变量供应链协同（SCC）的路径系数分别为0.38、0.25、0.19、0.24、0.23，达到0.001显著性水平，表明模型中这些变量之间的假设关系得以验证。

表3-14 供应链协同模型假设验证结果

假设	路径	路径系数	CR	*P*	结果判断
N1	SCP↔IS	0.480	4.887	***	支持
N2	SCP↔BW	0.380	4.313	***	支持
N3	SCP↔RS	0.510	5.399	***	支持
N4	SCP↔CR	0.500	5.156	***	支持
N5	SCP↔SH	0.410	4.675	***	支持
N6	SCC←SCP	0.392	6.049	***	支持
N7	SCC←IS	0.251	4.238	***	支持
N8	SCC←BW	0.185	3.355	***	支持
N9	SCC←RS	0.244	3.549	***	支持
N10	SCC←CR	-0.086	-1.481	0.139	不支持
N11	SCC←SH	0.228	3.556	***	支持

注：***显著性概率值$P<0.001$。

本研究中假设N10（冲突解决对供应链协同有正向影响作用）未通过验证，说明冲突解决对供应链协同并未起到较强的直接影响作用。因此，有必要据此进行模型的修正。

3.3.3 模型修正及假设检验

通过对模型输出结果的分析，对模型中各变量的假设关系进行了验证，从而删除不显著路径，进一步修正模型，得到最终的农资供应链协同影响因素标准化估计值模型图，如图3-4所示。

模型中除CR2外，所有潜在变量与其测量变量间的因素负荷量均高于0.7，表明模型的基本适配度良好。

根据Amos输出报表，得到修正后模型假设的关系路径系数见表3-15。修正后的模型显著性概率值$P=0.975>0.05$，接受虚无假设，表示模型与实际数据可以契合。GFI、NFI、IFI、CFI均大于0.9，RMR、RMSEA均小于0.05，PGFI、PNFI、PCFI均大于0.5，表明模型与实际数据的适配情况良好，即修正后的模型整体适配度较理想。

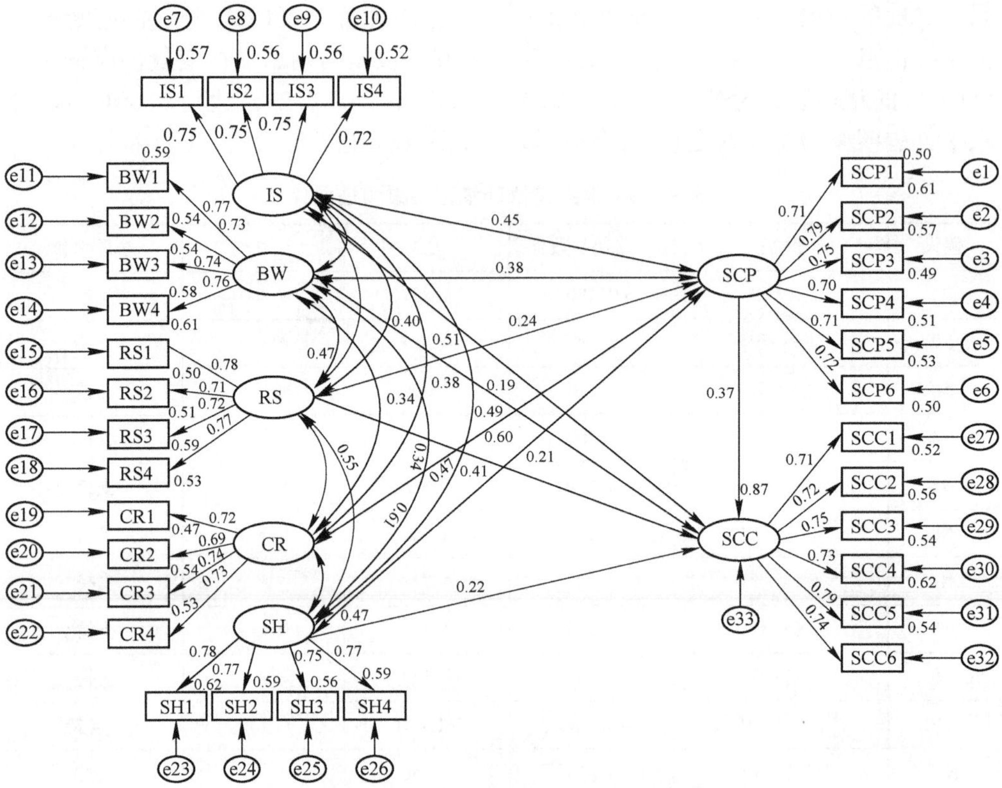

图 3-4 农资流通供应链协同影响因素标准化估计值模型

表 3-15 修正后供应链协同模型假设验证结果

假设	路径	路径系数	CR	*P*	结果判断
N1	SCP↔IS	0. 448	4. 891	* * *	支持
N2	SCP↔BW	0. 376	4. 315	* * *	支持
N3	SCP↔RS	0. 509	5. 402	* * *	支持
N4	SCP↔CR	0. 488	5. 108	* * *	支持
N5	SCP↔SH	0. 412	4. 678	* * *	支持
N6	SCC←SCP	0. 370	5. 968	* * *	支持
N7	SCC←IS	0. 244	4. 150	* * *	支持
N8	SCC←BW	0. 187	3. 388	* * *	支持
N9	SCC←RS	0. 214	3. 294	* * *	支持
N11	SCC←SH	0. 216	3. 404	* * *	支持

注：1. χ^2/df=387/444=0. 872<2；

2. GFI=0. 910，NFI=0. 900，IFI=1. 017，CFI=1. 019，RMR=0. 015，RMSEA=0，PGFI=0. 766。

如图 3-5 所示，供应链伙伴关系与信息共享、利益共赢、资源共享、冲突解决、软硬件设施间的路径系数分别为 0. 45、0. 38、0. 51、0. 49、0. 41，表明存在较强的共变关系。同时，供应链伙伴关系、信息共享、利益共赢、资源共享、软硬件设施对供应链协同（SCC）的直接影响系数分别为 0. 37、0. 24、0. 19、0. 21、0. 22，达到 0. 001 显著性水平，模型中各变量之间的假设关系得以验证，表明供应链伙伴关系、信息共享、利益共赢、资源共享、软硬件设施对供应链协同确实存在很强的直接影响。

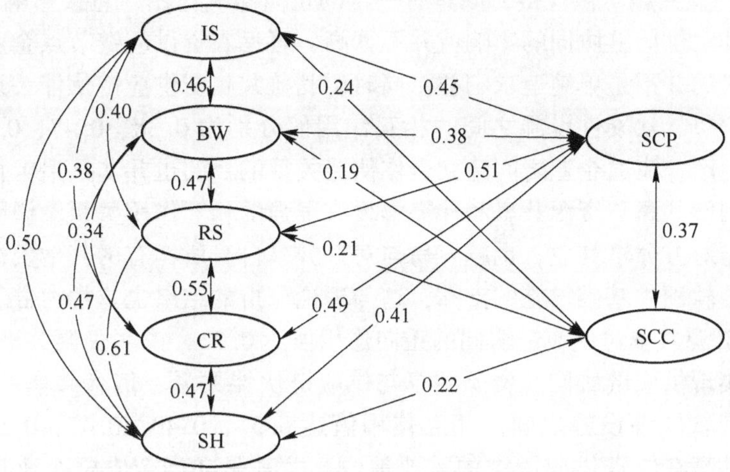

图 3-5 农资流通供应链协同影响因素结构模型路径系数

3.4 农资流通供应链协同影响因素验证结果分析

根据模型的验证结果，供应链伙伴关系、信息共享、利益共赢、资源共享、冲突解决和软硬件设施之间有较强的相互作用，且通过这些因素的共同作用直接影响农资流通供应链协同的效果和质量。

（1）供应链伙伴关系对供应链协同有较强的影响作用，其直接作用值达到 0. 37。通过分析调查问卷可以看出，农资生产、经营企业在选择合作伙伴时比较重视对方的商业信用，商业信用好，对方的可信赖程度就高，因此在进行协同生产、协同预测和协同物流方面就比较容易实施。另外，达成合作伙伴关系的企业之间一般都具有相同或相近的企业文化和战略目标，且都会得到公司各层人员的重视来维系伙伴关系，这些都是实现农资供应链协同的重要条件。

（2）信息共享对供应链协同也具有较强的正向作用，其直接影响值达 0. 24。说明信息共享程度的高低会直接影响供应链协同的效果好坏，这与理论分析的结果也非常一致。众所周知，农资生产、流通企业之间在市场需求信息、生产信息、物流信息的共享程度越高，越有利于这些企业在预测、生产和物流方面协同运作。同时，信息共享与供应链伙伴关系、利益共赢、资源共享、冲突解决、软硬件设施之间都有很强的相互作用关系，作用值分别为 0.45、0.46、0.40、0.38、0.50。由于农资需求的季节性明显，对于信息流的依赖性非常强，因此农资企业间进行各项业务的处理都离不开信息流的引导，而且信息共享程度的高低也会对其他业务处理的好坏产生重要直接影响。

(3) 利益共赢对供应链协同具有一定的正向影响作用，直接影响值为 0.19。相比而言其对供应链协同的影响值并不算高，可见农资供应链节点企业间进行协同运作的目的并不是单纯追求利益。同时，利益共赢与供应链伙伴关系、资源共享、冲突解决、软硬件设施之间的相互作用值分别为 0.38、0.47、0.34、0.47，说明农资生产、流通企业之间建立合作伙伴关系的目的也并非只追求自身利益的最大化；利益共赢与资源共享和冲突解决有很强的相互作用关系，说明企业之间越倾向于与对方分享利益，也越容易与对方分享自身所拥有的其他资源，尤其是需要一定的软硬件基础设施的支撑，这与理论分析的结果也非常吻合。

(4) 资源共享对供应链协同的正向作用值达 0.21，说明资源共享程度越高，越有利于实现供应链协同。资源共享与供应链伙伴关系、信息共享、利益共赢、冲突解决、软硬件设施之间的相互作用值达 0.51、0.40、0.47、0.55 和 0.61，可见资源共享在农资供应链中的重要地位，尤其是在当今农资企业自身资源有限、市场供过于求的大环境下，资源共享的作用越发凸显。

(5) 冲突解决不对供应链协同产生直接影响，但通过路径关系图可以发现，冲突解决与供应链伙伴、信息共享、利益共赢、资源共享、软硬件设施之间有一定的相关性，尤其是与资源共享、供应链伙伴关系的相互作用值达 0.55 和 0.49，说明农资流通供应链上企业之间在这些领域最容易发生冲突，若双方建立了良好的沟通协调机制，积极主动地去解决矛盾，越有利于供应链协同目标的实现。因此，企业之间若能及早防范潜在冲突，对于冲突有明确的管理机制，越有利于建立合作伙伴关系，促进供应链协同的实现。

(6) 软硬件设施直接对供应链协同产生影响的正向作用值为 0.22，其对供应链协同会产生重要影响作用，这与现有的理论分析也是相一致的。同时，软硬件设施与供应链伙伴关系、信息共享、利益共赢、资源共享及冲突解决的相互作用关系也很强，分别达到 0.41、0.50、0.47、0.61、0.47，可以发现无论是信息共享还是资源共享都需要一定的技术与设施平台的支撑，尤其 IT 技术是实现供应链协同的关键要素之一。特别是兼容性较好的软件，标准化的业务数据处理流程及完善的业务数据处理平台是实现企业间良好合作关系的重要条件。

3.5 本章小结

供应链协同是进行供应链管理的重要目标，对于供应链节点企业的发展具有深远的现实意义。但是如果企业只重视各种协同软件的开发应用，而忽略对于供应链协同影响因素方面的研究，即使有再好的软件，协同也是难以实现的。因此，本节首先对供应链协同影响因素进行了定量化的研究。

本章在对农资流通供应链协同因素的理论及实证研究基础上，首先借鉴了相关学者的研究成果，提出了影响农资流通供应链协同的供应链伙伴关系、信息共享、资源共享、利益共赢、冲突解决、软硬件设施等6个可能影响因素及其相互关系的假设，并据此设计了32个相关问题的调研问卷。其次，在开展了预试工作之后，分别通过多种渠道对农资生产企业、农资流通企业（包括农资批发商、零售商）进行了问卷的发放与回收工作，并进行了信度与效度等方面的统计分析。第三，建立了结构方程模型，通过运行 Amos 软件，在保证模型适配度良好的前提下，对之前假设进行验证。证明供应链伙伴关系、信息共享、利益共赢、资源共享、软硬件设施对供应链协同有直接影响作用，并且这些因素之间也存在着不同程度的相互作用关系。最后，通过分析，得出各类因素之间作用关系及对供应链协同的影响程度，为农资流通企业实现供应链协同提供决策依据。

4 农资流通供应链协同预测方法

自供应链管理理念与技术开始在众多企业的应用以来，供应链协同问题日益引起各国学者及企业高层的重视。尤其是 Wal-Mart 等公司提出协同规划、预测与连续补货（CPFR）的供应链管理技术后，供应链协同问题已经成为任何企业都无法回避的焦点问题。作为 CPFR 的核心，协同预测是协同计划与协同库存的基础。通过供应链成员多方协作，寻找和使用供应链内外所获得的共享信息、知识和经验而做出的协同预测，可以更全面、更准确地考虑来自于企业内外的多种因素对产品需求的影响及未来的变动趋势，为供应链上下游企业间制定采购计划、生产计划、供货计划、运输及库存计划等后续一切工作提供参考依据和决策依据，以最终达到提高供应链运作效率、减少库存和提高消费者满意程度的目的。需求变异放大现象是多数供应链都无法回避的突出问题，这在农资流通供应链中也不例外。其中预测环节导致这种供应链失调的主要原因是供应链各级节点企业多采用独立预测，与上下游企业缺乏合作且预测精度低。因此建立有效的协同预测体系，提高预测精度是缓解农资流通供应链失调的主要方法。

4.1 农资流通供应链协同预测体系框架

农资流通供应链的协同预测体系框架详细展示了农资流通供应链中各级节点企业的相互关系和实施的重点，主要从协同机制的建立与完善、预测目标的同步、预测手段与方法的确立等方面，针对需求分析、预测方法实施、预测效果评价和预测方案制定四个阶段分别阐述实现协同的重点与难点，如图 4-1 所示。

（1）需求分析阶段。在进行预测实施之前，需要供应链上的生产商、分销商、零售商根据自身所掌握的各种信息，包括来自于企业内部的库存信息、生产信息、营销信息和来与企业外部的市场竞争信息、政策环境信息等，借助于信息技术实现信息共享。要做到这一点，必须在系统内建立共赢机制，才能促使各节点企业愿意交流与共享信息。农资需求具有强地域性、分散性和季节性，需要各终端零售商能够及时捕捉与反馈需求信息；另外，各级分销商也需要充分发挥其市场中介功能，结合农资产品的供求情况，把握农资行业的发展趋势，发挥其在预测协同中的主导作用。同时，区域分销商还需要结合供应链管理的目标，细分

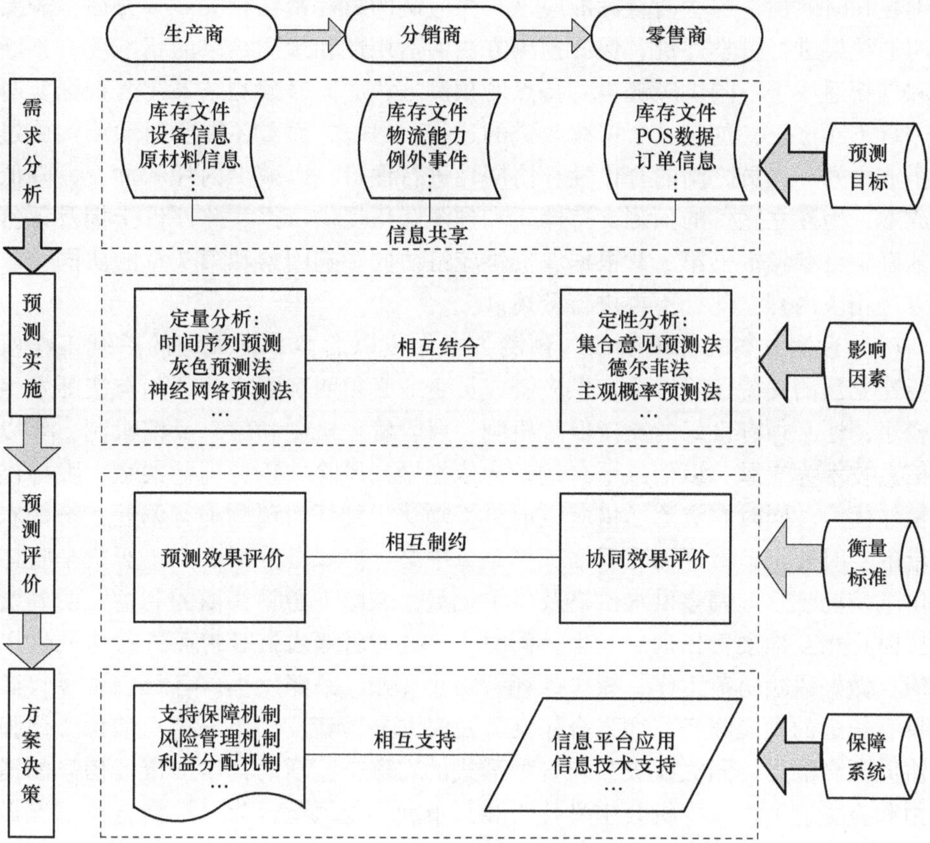

图 4-1 农资流通供应链协同预测体系结构

市场，帮助各级零售商建立一致的需求预测的目标，以决策使用的预测手段和预测方法。

（2）协同预测实施阶段。农资流通供应链的需求预测实施主要以分销商为主导，首先发挥其通上连下的特点，积极争取农资生产商和各级零售商的参与，组建协同预测小组，其成员应该是来自于上述企业的多个部门的人员，尤其是生产部、销售部、物流部等职能部门的员工。其次根据各级节点企业所掌握的供求信息，共同细化每一品种、每一细分市场各季/月/年的农资供求信息，把握农资发展趋势，分析需求波动规律，以确定准确的预测方法，同时注重定量与定性相结合。根据历史数据信息、需求趋势信息、例外事件信息等进行预测工作，从而制定农资供应链各级节点企业的供求计划、物流计划等，以保证稳定、及时的产品供应；同时，结合下游各零售商的订货信息，综合把握整体供求情况，合理调配各品种农资在各细分市场中各月/周的供应数量、供应价格及供应时间。

（3）预测评价阶段。在这一阶段，必须明确绩效衡量标准用以评价预测的准确性和时效性，这些衡量标准应该与供应链的目标密切相关。一方面，需要对预测的结果进行科学评价，保证预测方法的适用性和预测结果的精准度，不断探索和创新适用于不同供应链自身特点的预测方法，同时预测结果需要根据实时变化进行不断修正，这是一个持续改进的过程；另一方面，还需要对预测实施过程中企业之间、人员之间的合作性、协同性进行评价，以减少内耗和冲突，降低预测成本，为建立完备的预测支持体系和预测队伍提供依据。此评价指标及评价方法的确定可参考本书第 3 章根据农资供应链协同影响因素和第 7 章的协同绩效评价方法相应内容，此处不再进行赘述。

（4）预测方案的保障阶段。预测方案做出以后，非常关键的后续工作就是需要建立预测支持保障体系。供应链成员企业必须明确要想使预测与实际发生偏离较小，还必须有良好的支持保障机制、风险管理机制和信息反馈机制，要以现代信息技术为支撑，以信息平台建设为依托做到风险共担、利益共赢，发挥供应链整体优势。同时农资流通供应链成员必须认识到任何预测都有偏差，把握农资供求的实时变化，做好沟通反馈工作是重中之重。农资分销商主要职责是整体把握供求情况，合理调整供求价格及供求批量，兼顾下游零售商的利益，明确责权利，防止相互推诿责任现象发生。同时，还要对各级农资零售商进行协同性风险评级，做好风险防范工作，减少内耗，防止坏账、呆账发生。各级农资零售商必须具有长远的发展眼光，增强合作性，及时向分销商反馈市场需求信息，增强自身协同预测能力；同时积极参与各种形式的农资交流活动，增加市场信息的捕捉能力和应变能力，减少机会主义行为和只争利不担风险行为，根据自身情况做好预测工作。

4.2 基于 CPFR 的协同预测工作流程

CPFR 是（CPFR，Collaborative Planning Forecasting and Replenishment）协同式供应链库存管理，也叫做协同规划、预测与补货。它是一种协同式的供应链库存管理技术，在降低销售商的存货量的同时，也增加了供应商的销售额。CPFR 的形成始于沃尔玛所推动的 CFAR（CFAR，Collaborative Forecast And Replenishment），是利用 Internet 通过零售企业与生产企业的合作，共同做出商品预测，并在此基础上实行连续补货的系统。后来，在沃尔玛的不断推动之下，基于信息共享的 CFAR 系统又正在向 CPFR 发展。CPFR 是在 CFAR 共同预测和补货的基础上，进一步推动共同计划的制定，不仅合作企业实行共同预测和补货，同时将原来属于各企业内部事务的计划工作（如生产计划、库存计划、配送计划、销售规划等）也由供应链各企业共同参与，利用互联网实现跨越供应链的成员合作，更好地预测、计划和执行货物流通。

CPFR 的主要特点表现在：

（1）协同。从 CPFR 的基本思想看，供应链上下游企业只有确立起共同的目标，才能使双方的绩效都得到提升，取得综合性的效益。CPFR 这种新型的合作关系要求双方长期承诺公开沟通、信息分享，从而确立其协同性的经营战略，尽管这种战略的实施必须建立在信任和承诺的基础上，但是这是买卖双方取得长远发展和良好绩效的唯一途径。正是因为如此，所以协同的第一步就是保密协议的签署、纠纷机制的建立、供应链计分卡的确立以及共同激励目标的形成（例如不仅包括销量，也同时确立双方的盈利率）。应当注意的是，在确立这种协同性目标时，不仅要建立起双方的效益目标，更要确立协同的盈利驱动性目标，只有这样，才能使协同性能体现在流程控制和价值创造的基础之上。

（2）规划。1995 年沃尔玛与 Warner-Lambert 的 CFAR 为消费品行业推动双赢的供应链管理奠定了基础，此后当 VICS 定义项目公共标准时，认为需要在已有的结构上增加“P”，即合作规划（品类、品牌、分类、关键品种等）以及合作财务（销量、订单满足率、定价、库存、安全库存、毛利等）。此外，为了实现共同的目标，还需要双方协同制定促销计划、库存政策变化计划、产品导入、中止计划以及仓储分类计划。

（3）预测。任何一个企业或双方都能做出预测，但是 CPFR 强调买卖双方必须做出最终的协同预测，像季节因素和趋势管理信息等无论是对服装或相关品类的供应方还是销售方都是十分重要的，基于这类信息的共同预测能大大减少整个价值链体系的低效率、死库存，促进更好的产品销售、节约使用整个供应链的资源。与此同时，最终实现协同促销计划是实现预测精度提高的关键。CPFR 所推动的协同预测还有一个特点是它不仅关注供应链双方共同做出最终预测，同时也强调双方都应参与预测反馈信息的处理和预测模型的制定和修正，特别是如何处理预测数据的波动等问题，只有把数据集成、预测和处理的所有方面都考虑清楚，才有可能真正实现共同的目标，使协同预测落在实处。

（4）补货。销售预测必须利用时间序列预测和需求规划系统转化为订单预测，并且供应方约束条件，如订单处理周期、前置时间、订单最小量、商品单元以及零售方长期形成的购买习惯等都需要供应链双方加以协商解决。根据 VICS 的 CPFR 指导原则，协同运输计划也被认为是补货的主要因素。此外，例外状况的出现也需要转化为存货的百分比、预测精度、安全库存水准、订单实现的比例、前置时间以及订单批准的比例，所有这些都需要在双方公认的计分卡基础上定期协同审核。潜在的分歧，如基本供应量、过度承诺等双方事先应及时加以解决。

在 CPFR 的业务运作流程中，供应链合作伙伴首先达成合作协议，制定联合工作计划，然后进行协同预测工作，最后根据产生的订单进行补货。如图 4-2 所示，协同预测是实施 CPFR 的核心，其直接关系到 CPFR 的成败。因此，本节对于协同计划和连续补货两个阶段不做赘述，只对协同预测阶段的实施进行详细阐述。

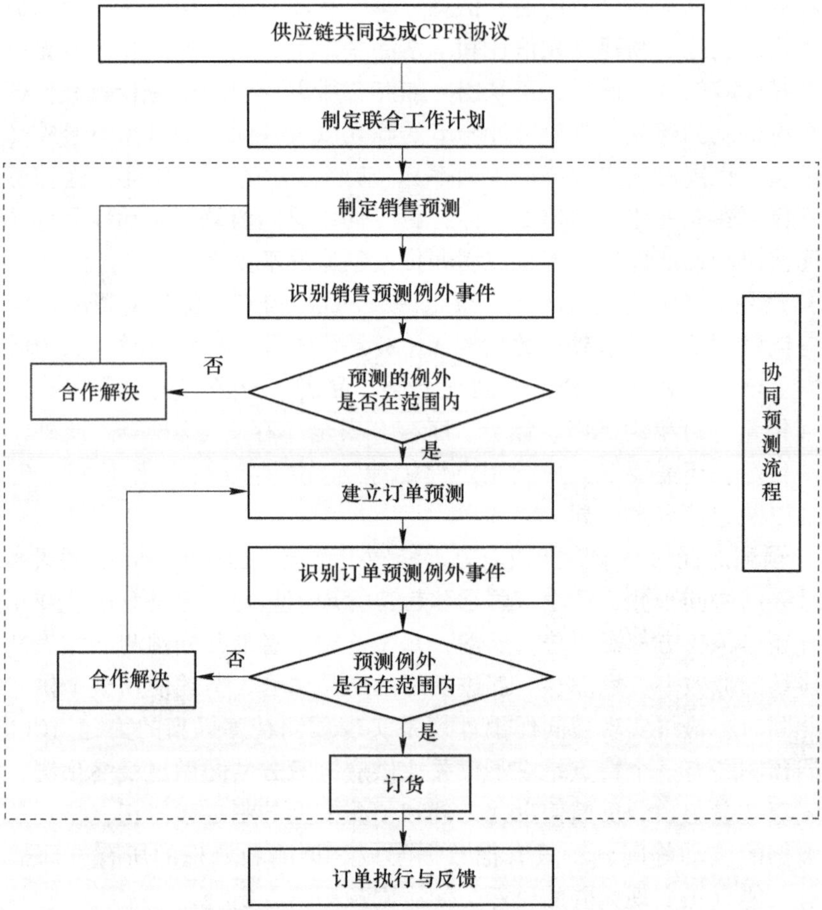

图 4-2　CPFR 业务处理流程

要做好协同预测工作，面临的不确定因素较多，难度较大。除了需求端的不确定性外，还有来自于供应链各节点企业内部生产、供应的不确定性，以及企业之间多方博弈与协作的不确定性。

基于 CPFR 的协同预测分为销售预测和订单预测两个阶段。销售预测是订单预测的基础，也是协同预测阶段的核心。进行销售预测首先需要获取零售端历史销售数据、POS 数据、因果关系信息等，采用一定的预测方法进行预测。然后识别例外事件信息，判断预测的例外是否在可接受的范围内。若否，则需要通过查询共享信息、沟通交流等合作解决销售预测例外情况，并将产生的变化提交给销售预测；若是，则转到下一步，合并 POS 数据、库存信息等建立订单预测，进而识别订单预测例外事件，判断预测的例外是否在范围内。若否，则重复进行合并解决机制，将产生的变化提交给订单预测；若是，则进入协同补货阶段，将订单预测转换为需求订单，最后组织订单执行与反馈。从以上描述过程可以看出，无论是进行需求预测还是订单预测都需要较高的预测精度。因此，建立一个充分考虑多源信息的自下而上决策的供应链协同预测模型是非常重要的。

基于 CPFR 协同预测分为两个阶段进行，首先进行销售预测，然后以销售预测的结果为基础，结合分销商的库存策略和供应、协作信息等来做订单预测（实际需求预测）。

4.3 基于二重时间序列分解组合的销售预测模型

“牛鞭效应”是供应链中出现的较普遍的不协调现象之一，容易造成成本增加、资源浪费，甚至导致合作企业之间相互推诿责任、缺乏信任等问题，这种现象的产生主要源于不准确的需求信息。因此，掌握需求信息的波动情况，做好准确的预测工作，日益成为众多企业合作的重点，以实现缩短订货提前期、减小库存风险和降低供应链成本等目标。在实际的预测中，企业常常依据较长一个时间段内的历史销售总量进行销售预测，以此来代表未来需求情况。然而销售与需求虽存在着紧密关系，但不一定是等量关系。销售量由于受多种因素的影响，往往与实际需求量存在较大差异。因此，要进行供应链需求预测，既要依赖基于历史销售绩效的销售预测，也要综合考虑供应链上协同影响因素对于需求满足的约束。因此，本节的研究重点是探索适用于农资流通企业的销售预测方法，以提高预测精度。该方法适用于农资流通供应链中各级节点企业的中长期销售预测，便于分销商及零售商从整体上把握农资市场的发展趋势，为交易双方科学制定采购计划、生产计划及物流计划提供参考。

当前，对于供应链中的销售预测方法主要包括两类：一类是基于时间序列分析的线性预测法，具体包括移动平均、指数平滑、回归分析及自回归条件异方差（ARCH）等[118-119]；另一类是非线性预测法，该方法较常用于对非线性和非平稳的时间序列进行分析，借助人工智能对于市场需求的短期行为进行预测。常用的预测法有灰色预测法、神经网络测法和支持向量机预测法等[120-128]。

在实际预测中，由于影响因素众多，单一预测模型不可能把所有因素考虑在内。例如，对于既受趋势波动因素影响又受周期性波动因素影响的复杂问题，单一预测模型无法兼顾和分析各类因素的影响，且各种预测模型适用情况各不相同。灰色预测法 GM(1, 1) 虽能够较好地拟合时间序列的趋势部分，但对周期性波动因素的预测精度并不理想，预测精度较低；而 BP 神经网络也较广泛地应用于时间序列的预测，尤其是对于周期性波动因素预测效果较理想，但它会忽略某些较大噪音[122]。ARMA（自回归移动平均模型）在时间序列问题分析中应用较普遍，预测效果也较好[120]，这一方法不但可以测定时间序列的周期性波动因素，如季节性因素，还可以测定时间序列的随机性及趋势性因素，但该方法要求时间序列数据经过差分后要具有平稳性特征[122]。另外，模型中参数众多，很难确定它们之间的精确关系，因此，在选择预测方法时需要综合考虑各方法的适用对象和优劣势，运用多种预测方法进行组合预测，可以改善预测模型的性能，达到扬长避短的目的，提高预测精度。

本章将围绕农资流通企业的销售预测问题采用二重优化组合预测技术对其进行分析，以达到较好的预测效果。首先应用时间序列分解法将影响因素分为趋势变动因素和周期波动因素，在此基础上，应用 GM(1，1）对趋势影响进行预测，再结合 BP 神经网络和 ARMA 预测方法建立组合模型，应用粒子群算法进行周期性影响预测，最后用乘法模型合成预测结果，以提高预测精度。

4.3.1 销售预测模型的建立及因素分解

根据农资需求的特点，其时间序列销售数据的波动主要受长期趋势、周期变动两类因素的影响。

(1) 长期趋势影响因素（L）：反映了农资销售在较长一段时间内的变动趋势。

(2) 周期性变动影响因素（C）：农业生产的季节性决定了农资销售会受季节变动的影响呈现出周期性波动。

建立农资销售预测的乘法分解模型：

$$Y_t = L_t \cdot C_t \tag{4-1}$$

式中 Y_t——农资销售量的综合变动；

L_t——长期趋势变动项；

C_t——周期性变动项。

用中位移动平均法[120]提取趋势变动项：

$$L_t = \frac{1}{12}\left[\sum_{i=-5}^{5} Y_{t+i} + \frac{1}{2}(Y_{t+6} + Y_{t-6})\right] \quad (t = 7,\ 8,\ \cdots,\ 12n - 6) \tag{4-2}$$

其中年份 $i=1,\ 2,\ \cdots,\ n$，月份 $j=1,\ 2,\ \cdots,\ 12$，则 $t=(i-1)\times 12+j$，采用二阶对称移动平均法对周期波动项进行过滤，得到不含周期波动项的长期趋势 L。

根据式（4-1）得到周期性波动项：

$$C_t = \frac{Y_t}{L_t} \tag{4-3}$$

至此，把农资销售的时间序列观测数据分解为趋势变动项和周期波动项。下面分别应用相应预测模型对这两方面影响进行分析预测。

4.3.2 基于 GM(1, 1) 的长期趋势变动预测

长期趋势项的 GM(1, 1) 预测有如下步骤。

4.3.2.1 建立预测模型

设时间序列的 n 个观察值为：

$$L^{(0)} = [L^{(0)}(1),\ L^{(0)}(2),\ L^{(0)}(3),\ \cdots,\ L^{(0)}(n)]$$

累加生成新的序列为：

$$L^{(1)} = [L^{(1)}(1),\ L^{(1)}(2),\ L^{(1)}(3),\ \cdots,\ L^{(1)}(n)]$$

设 $U^{(1)}$ 为 $L^{(1)}$ 紧邻均值生成序列：

$$U^{(1)} = [U^{(1)}(1),\ U^{(1)}(2),\ U^{(1)}(3),\ \cdots,\ U^{(1)}(n)]$$

其中

$$U^{(1)}(k) = \frac{1}{2}[L^{(1)}(k-1) + L^{(1)}(k)]$$

按照参考文献［122］，［123］，则 GM(1, 1) 的灰色微分方程为：

$$L^{(0)}(k) + aU^{(1)}(k) = b \tag{4-4}$$

式中 a——发展灰数；

b——内生控制灰数。

4.3.2.2 模型求解方法

设 $\hat{\beta} = (a,\ b)^{\mathrm{T}}$ 为待估参数，利用最小二乘法求解，得：

$$\hat{\beta} = (\boldsymbol{Z}^{\mathrm{T}}\boldsymbol{Z})^{-1}\boldsymbol{Z}^{\mathrm{T}}\boldsymbol{V}$$

其中

$$\boldsymbol{Z} = \begin{bmatrix} U^{(1)}(2) & 1 \\ -U^{(1)}(3) & 1 \\ \vdots & \vdots \\ -U^{(1)}(n) & 1 \end{bmatrix},\quad \boldsymbol{V} = \begin{bmatrix} L^{(0)}(2) \\ L^{(0)}(3) \\ \vdots \\ L^{(0)}(N) \end{bmatrix}$$

则白化方程 $\frac{\mathrm{d}L^{(1)}}{\mathrm{d}t} + aL^{(1)} = b$ 的解为：

$$\widehat{L^{(1)}}(t) = \left[L^{(0)}(0) - \frac{b}{a}\right]\mathrm{e}^{-at} + \frac{b}{a}$$

灰色微分方程 $L^{(0)}(k) + aU^{(1)}(k) = b$ 的解为：

$$\widehat{L^{(1)}}(k+1) = \left[L^{(1)}(0) - \frac{b}{a}\right]\mathrm{e}^{-at} + \frac{b}{a}\quad (k = 1,\ 2,\ \cdots,\ n)$$

取 $L^{(1)}(0) = L^{(0)}(1)$，则有：

$$\widehat{L^{(1)}}(k+1) = \left[L^{(0)}(1) - \frac{b}{a}\right]\mathrm{e}^{-at} + \frac{b}{a} \tag{4-5}$$

则累减后的预测方程为：

$$\widehat{L^{(0)}}(k+1)=\widehat{L^{(1)}}(k+1)-\widehat{L^{(1)}}(k) \quad (k=1, 2, \cdots, n)$$

4.3.2.3 GM(1, 1) 模型的检验

为保证 GM(1, 1) 模型预测结果的可靠性，通常需要进行以下几方面的检验。

A 残差检验

通过逐点计算模型预测值与实际值的残差而进行的检验，用以检查模型的预测精度，主要指标包括绝对残差、相对残差和平均相对残差。

绝对残差为：

$$\Delta^{(0)}(i)=\left|L^{(0)}(i)-\widehat{L^{(0)}}(i)\right| \quad (i=1, 2, \cdots, n) \tag{4-6}$$

相对残差为：

$$\varphi_i=\frac{\Delta^{(0)}(i)}{X^{(0)}(i)} \tag{4-7}$$

平均相对残差为：

$$\overline{\varphi}=\frac{1}{n}\sum_{i=1}^{n}\varphi_i \tag{4-8}$$

对于给定 α（α 取 0.01、0.05、0.1 对应模型为优、合格、勉强合格），若 $\overline{\varphi}<\alpha$ 且 $\varphi_n<\alpha$ 时，模型为残差合格模型。

B 关联度检验

通过计算 L_i 与 L_0 的关联程度，当取 $\lambda=0.5$ 时，关联度大于 0.6 即为满意。

C 后验差检验

原始序列标准差为：

$$S_1=\sqrt{\frac{\Sigma\left[L^{(0)}(i)-\overline{L^{(0)}}\right]^2}{n-1}} \tag{4-9}$$

绝对误差序列的标准差为：

$$S_2=\sqrt{\frac{\Sigma\left[\Delta^{(0)}(i)-\overline{\Delta^{(0)}}\right]^2}{n-1}} \tag{4-10}$$

方差比为：

$$C=\frac{S_2}{S_1} \tag{4-11}$$

小误差概率为：

$$p=P\left(\left|\Delta^{(0)}(i)-\overline{\Delta^{(0)}}\right|<0.6745S_1\right) \tag{4-12}$$

对于给定的 C_0（C_0 取 0.35、0.5、0.65 对应模型为优、合格、勉强合格），

$C<C_0$ 时，模型为均方差比合格模型。对于给定 p_0 的（p_0 取 0.95、0.8、0.7 对应模型为优、合格、勉强合格），$p>p_0$ 时，模型为小残差概率合格模型[120]。

4.3.3 基于 BP 神经网络与 ARMA 的周期性组合预测

农资需求与销售的周期性影响因素主要包括季节性因素和经济因素，其波动曲线具有非线性特征，对其准确预测的难度较大。当前，BP 神经网络较广泛地应用于时间序列的预测，其在函数逼近和数据拟合方面优势明显，对于周期性波动因素预测效果较理想，但它会忽略某些较大噪音[122]；而 ARMA 也较适用于时间序列的周期性波动预测问题，方法简单易行。因此，本研究结合这两种预测方法的优点，建立了基于 BP 神经网络与 ARMA 的优化组合预测模型对周期性变动项进行预测。

4.3.3.1 BP 神经网络预测

BP 神经网络是一种基于误差反向传播算法的多层前向神经网络，其由输入层、隐层和输出层构成，各层之间呈全连接，而每层神经元无连接。单隐层结构的神经网络如图 4-3 所示。一般情况下，较简单的预测问题可以通过单隐层的网络结构来实现。

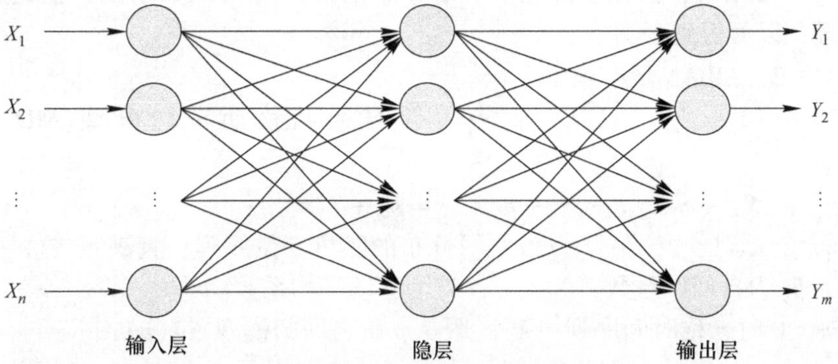

图 4-3 BP 神经网络结构

BP 神经网络预测是通过对以往样本数据的学习，把数据变化之间的非线性关系存储在网络的权值和阈值中，形成“专家思维”或“电脑思维”，从而实现智能化预测未来走势的目的。

应用 BP 神经网络对周期波动项的预测步骤如下：

（1）BP 神经网络结构的设计。网络结构的设计并没有统一的理论方法，需要根据经验和不断尝试来确定，一般的预测问题都可通过单隐层的网络来实现[122]。

（2）数据的预处理。为保障神经网络的性能，常常需要进行数据预处理。

常见的方法是利用 mapminmax 函数或 prestd 函数对输入数据和目标数据进行归一化处理，使输入数据的取值在［-1，1］之间[121-122]。

（3）BP 网络的学习。BP 网络的学习过程如下：

1）初始化各层间网络权重和节点阈值。

2）选取输入数据和目标数据提供给网络。本算例中将 12 个月的数据作为网络的输入数据，而将以后月的数据作为输出数据。

3）确定传递函数，正切 S 形函数（Tansig）为输入层和中间层之间的传递函数[124]：

$$f(x)=\frac{1-e^{-x}}{1+e^{-x}},\ (-1,\ 1)$$

输出层的传递函数是线性函数（purelin）[125]。

4）计算隐层、输出层各节点的输出。

5）计算输出值与目标值的误差，判断误差是否小于设定值，如果是则结束。

6）反向传播。调整各层之间的权值和阈值，计算中间层输出[126]。

7）计算误差。通过不断地进行学习训练，使输出值与目标值的误差尽可能最小。

（4）学习结束，输出预测值。训练结束后需要对输入和输出数据进行反归一化处理，以便得到预测值。

4.3.3.2 ARMA 预测模型

时间序列 $\{X_n\}$ 服从（p，q）阶自回归移动平均模型 ARMA（p，q）[120]为：

$$X_n-\phi_1X_{n-1}-\cdots-\phi_pX_{n-p}=\varepsilon_n-\theta_1\varepsilon_{n-1}-\cdots-\theta_q\varepsilon_{n-q} \tag{4-13}$$

其中，$\{\varepsilon_n,\ n=1,\ 2,\ \cdots\}$ 为独立同分布的随机变量序列，且满足 $E(\varepsilon_n)=0$；ϕ_1，…，ϕ_p 为自回归系数；θ_1，…，θ_q 为移动平均系数。

当 $q=0$ 时，称时间序列 $\{X_n\}$ 服从 p 阶自回归模型 AR(p)：

$$X_n=\phi_1X_{n-1}+\cdots+\phi_pX_{n-p}+\varepsilon_n \tag{4-14}$$

当 $p=0$ 时，时间序列 $\{X_n\}$ 服从 q 阶移动平均模型（q）：

$$X_n=\varepsilon_n-\theta_1\varepsilon_{n-1}-\cdots-\theta_q\varepsilon_n-q \tag{4-15}$$

模型的建立有以下步骤。

A 模型建立的条件及判定

根据时间序列的散点图，自相关分析图和偏相关分析图，观察时间序列的变化趋势，进行平稳性判定。如果时间序列非平稳，则需要对原序列进行差分处理，使其变为平稳的时间序列。对于时间序列的随机性、平稳性及时间序列的季节性的测定常常应用自相关分析法。

B 模型相关性分析及识别

根据自相关函数（ACF）和偏相关函数（PACF）的截尾性，初步识别模型类型，并以此确定模型 AR 和 MA 的滞后阶数[129]。

AR(p)的自相关函数 $\rho_n=\phi_1\rho_{k-1}+\cdots+\phi_p\rho_{k-p}$，其解满足 $|\rho_k|<g_1\mathrm{e}^{-g_2^k}$（其中 $k\geqslant 0$，g_1，g_2 为正常数），表明 ρ_k 随 k 的增加以指数形式衰减，呈“拖尾”状[129]。

AR(1)模型为：$\rho_k=\phi_1^k$（$k\geqslant 0$）

AR(2)模型为：

$$\rho_k=\begin{cases}1 & k=0\\ \dfrac{\phi_1}{1-\phi_2} & k=1\\ \phi_1\rho_{k-1}+\phi_2\rho_{k-2} & k\geqslant 2\end{cases}$$

AR(p)的偏相关函数为：

$$\varphi_k=\begin{cases}\rho_1 & k=1\\ \dfrac{\rho_k-\sum\limits_{j=1}^{k-1}\varphi_{k-1,j}\rho_{k-j}}{1-\sum\limits_{j=1}^{k-1}\varphi_{k-1,j}\rho_{k-j}} & k=2,3,\cdots,p\\ 0 & k>p\end{cases}$$

可见，AR(p)偏相关函数具有“截尾”状。

MA(q)的自相关函数为：

$$\rho_k=\begin{cases}1 & k=0\\ \dfrac{-\theta_k+\theta_1\theta_{k+1}+\theta_2\theta_{k+2}+\cdots+\theta_{q-k}\theta_q}{1+\theta_1^2+\theta_2^2+\cdots+\theta_q^2} & 1\leqslant k<q\\ 0 & k\geqslant q\end{cases}$$

可见，MA(q)的自相关函数具有“截尾”状。

MA 的偏相关函数同 AR 模型自相关函数一样呈缓慢衰减特征，因此具有“拖尾”状。

根据以上分析，ARMA 模型的自相关函数和偏相关函数也是无限延长的，是拖尾状。

C 模型的参数估计

经过 ARMA 模型的识别，确定了模型的结构和阶数，接下来就是进行模型的参数估计。参数估计方法主要有最小二乘法、矩估计和利用自相关函数估计三类[129]。

D 模型的预测及误差检验

ARMA(p, q)模型的预测公式为：

$$\widehat{X}_k(l)=\begin{cases}\widehat{X}_k(l) & l \geqslant 1\\ K_{k+l} & l \leqslant 0\end{cases} \tag{4-16}$$

预测方差为

$$Var[e_k(1)]=(1+G_1^2+\cdots+G_{l-1}^2)\sigma_\varepsilon^2$$

$$G_0=1\ ,\ G_l=\Sigma\phi_j^* G_{l-j}-\theta_l^* \qquad (l=1,\ 2,\ \cdots,\ q)$$

其中 $\phi_j^*=\begin{cases}0 & j>p\\ \phi_j & j\leqslant p\end{cases},\ \theta_j^*=\begin{cases}0 & j>p\\ \theta_j & j=1,\ \cdots,\ q\end{cases}$

预测向量 $\widehat{X}_k=(\widehat{X}_k(1),\ \widehat{X}_k(2),\ \cdots\widehat{X}_k(k))^T$，$l=1,\ 2,\ \cdots,$ 的递推公式为：

$$\widehat{X}_{k+1}\begin{bmatrix}-G_1 & 1 & 0 & \cdots & 0\\ -G_2 & 0 & 1 & \cdots & 0\\ \vdots & \vdots & \vdots & \vdots & \vdots\\ -G_{q-1} & 0 & 0 & \cdots & 1\\ -G_q+\phi_q^* & \phi_{q-1}^* & \phi_{q-2}^* & \cdots & \phi_1^*\end{bmatrix}$$

$$=\widehat{X}_k+\begin{bmatrix}G_1\\ G_2\\ \vdots\\ G_{q-1}\\ G_q\end{bmatrix}x_{k+1}+\begin{bmatrix}0\\ 0\\ \vdots\\ 0\\ \sum_{j=q+1}^{p}\phi_j^* x_{k+q-j+1}\end{bmatrix} \tag{4-17}$$

$$\widehat{X}_{k+1}=\phi_1\widehat{X}_{k+1}(l-1)+\phi_2\widehat{X}_{k+1}(l-2)+\cdots+\phi_p\widehat{X}_{k+1}(l-p),\ (l>p) \tag{4-18}$$

根据已知的时间序列数据，利用预测模型即可对后续时点进行预测。然后计算误差，绘制误差图，检验误差。

4.3.3.3 周期性组合预测模型及求解

设 $\widehat{C}_{BP}(t)$ 是采用 BP 神经网络预测法得到的周期波动的预测值，$\widehat{C}_{ARMA}(t)$ 是采用 ARMA 法得到的周期波动预测值，则对于周期性波动的组合预测值为：

$$\widehat{C}_t=w_{BP}\widehat{C}_{BP}(t)+w_{ARMA}\widehat{C}_{ARMA}(t) \tag{4-19}$$

式中 w_{BP}，w_{ARMA}——预测值所占的权重。

对于 n 个实际观察值，取预测误差平方和最小为目标函数。

则周期性组合预测优化模型为：

$$\begin{aligned} &\min \sum_{t=1}^{n} |C_t - \widehat{C}^t|^2 \\ \text{s. t. } &\widehat{C}_t = w_{BP}\widehat{C}_{BP}(t) + w_{ARMA}\widehat{C}_{ARMA} \\ &w_{BP} + w_{ARMA} = 1 \\ &0 \leqslant w_{BP} \leqslant 1 \\ &0 \leqslant w_{ARMA} \leqslant 1 \end{aligned} \tag{4-20}$$

该模型的求解方法可采用线性规划法，还可以应用遗传算法、粒子群算法等智能算法[129-133]。下面将应用粒子群算法进行求解，其基本的优化流程如图 4-4 所示。

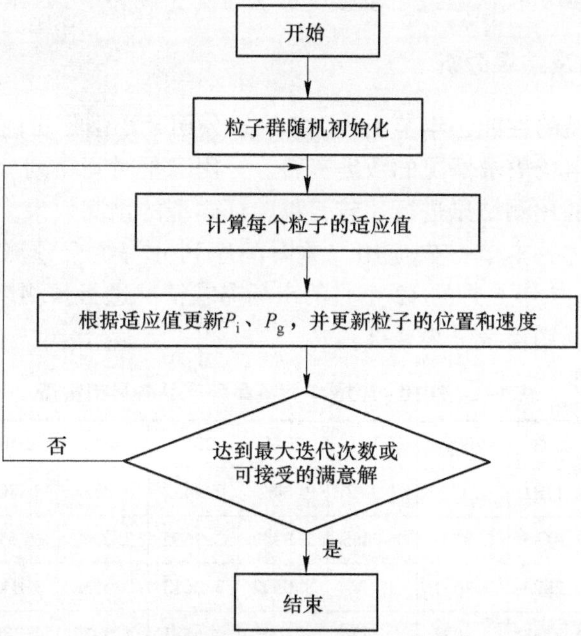

图 4-4 PSO 算法流程

算法的步骤见算法 4-1。粒子群优化不仅算法简单易于实现，且参数少，使得无论是连续优化问题还是离散优化问题都表现较好[130]。

算法 4-1 步骤：

（1）初始化 m 个粒子设置相关参数。其中第 i 个粒子的位置为 $X_i=(x_i^1, x_i^2, \cdots, x_i^D)$，单个粒子经过的最好位置为 $P_i=(p_i^1, p_i^2, \cdots, p_i^D)$，群体的最好位置为 $P_g=(p_g^1, p_g^2, \cdots, p_g^D)$；粒子速度定义为 $V_i=(v_i^2, v_i^2, \cdots, v_i^D)$；设置学习因子 c_1，c_2，种群规模 m，最大速度 V_{max}、取值范围和最大迭代次数[131]。

（2）计算每个粒子的适应值。

(3) 对每个粒子 x_i，将其和经过的最好的位置 P_i 进行比较，若更优，则更改 $P_i = X_i$。

(4) 对每个粒子 x_i，将其和群体经过的最好的位置 P_g 进行比较，若更优，则更改 $P_g = X_i$。

(5) 根据公式更新粒子的速度和位置：

$$v_i^{d+1} = w \cdot v_i^d + c_1 \cdot r_1 \cdot (p_i^d - x_i^d) + c_2 \cdot r_2 \cdot (p_g^d - x_i^d)$$

$$x_i^{d+1} = x_i^d + \alpha \cdot v_i^{d+1}$$

式中 r_1，r_2——相互独立的伪随机数。

(6) 若未达到迭代次数或可以接受的满意解，则转 (2) 继续搜索。

4.3.4 模型应用及结果分析

为了评估模型的性能，本节引入 HN 农资公司某小型零售商某品牌化肥近 10 年共 120 个月的市场需求情况的数据资料，采用二重时间序列分解组合预测模型与其他预测模型的预测结果进行比较，以验证模型的预测效果。

根据前文所述，本节首先应用二重时间序列分解组合预测模型对该零售商 2016 年 7 月至 2017 年 6 月的 12 个月的市场需求情况进行预测。已知 2007~2016 年某品牌化肥市场销售量见表 4-1。

表 4-1 2010~2016 年度某品牌产品各月销售量 (t)

年份	2007	2008	2009	2010	2011	2012	2013	2014	2015	2016
1 月	1.1294	1.1181	1.113	1.112	0.982	0.9452	0.8311	0.803	0.7792	0.7408
2 月	2.9612	2.9136	2.8731	2.7845	2.8352	2.7632	2.6942	2.611	2.5424	2.4563
3 月	3.1933	3.2824	3.2631	3.136	3.0552	3.0613	3.0538	3.0429	3.0375	3.0136
4 月	5.0134	4.8533	4.8041	4.7722	4.746	4.6581	4.5473	4.3882	4.2169	4.1858
5 月	1.124	1.1193	1.1143	1.1116	1.1092	1.092	1.0833	0.9618	0.8836	0.8507
6 月	3.5231	3.4833	3.412	3.3288	3.2573	3.0219	2.8425	2.7839	2.6997	2.5285
7 月	0.7245	0.7145	0.6977	0.6755	0.6421	0.6309	0.6144	0.6013	0.5875	0.5649
8 月	0.7134	0.7045	0.7011	0.6983	0.6861	0.6495	0.6287	0.6132	0.5913	0.5849
9 月	4.934	4.8923	4.8225	4.8035	4.7834	4.8312	4.7911	4.7523	4.6556	4.6201
10 月	5.8433	5.7156	5.6832	5.6444	5.5933	5.56	5.5597	5.5545	5.4723	5.4147
11 月	0.8931	0.851	0.7932	0.7618	0.7402	0.6918	0.6745	0.6578	0.6334	0.6098
12 月	0.6943	0.6837	0.6533	0.6456	0.6132	0.6019	0.6002	0.5819	0.5689	0.5497
合计	30.747	30.332	29.931	29.474	29.043	28.507	27.921	27.352	26.668	26.12

具体预测及求解过程如下：

（1）建立农资销售预测的乘法分解模型式（4-1），应用中位移动平均法提取长期趋势变动项 L_t 和周期性变动项 C_t。

（2）应用 GM(1，1) 对长期趋势变动项进行预测。通过 MATLAB 软件，应用模型式（4-6），得到 GM(1，1) 预测模型为：

$$\widehat{L^{(1)}}(k+1)=1724.47-1721.905\mathrm{e}^{-0.0015k}$$

根据式（4-6）~式（4-12），进行残差检验、关联度检验和后验差检验。其中，残差 $\overline{\varphi}=0.0037$ 和 $\varphi_{108}=0.0071$ 都小于 0.01，因此模型是较优的。当 $\lambda=0.5$ 时，关联度 $r=0.6024>0.6$，则模型满足 $r>0.6$ 准则[127]。方差比 $C=0.0485<0.35$，小残差概率 $p=1>0.95$，因此模型为优。

（3）应用 BP 神经网络对周期变动项进行预测，采用单隐层的三层网络结构，输入层神经元个数为 12，输出层神经元个数为 1，隐层神经元个数为 15，传递函数为 Logsig 函数和线性函数，采用滚动预测法。

本算例涉及 BP 神经网络的预测是单项指标的滚动预测。首先分析周期选取 12 个月，依次将顺序 12 月的数据作为输入数据，其后一天的数据作为目标数据，依此方式进行滚动，形成 BP 网络的训练样本。神经网络的输入向量定为 12 个分量，可通过数据延迟 1~12 步得到。模型中传递函数为正切 S 形函数（Tansig）。利用 mapminmax 函数对输入数据和目标数据进行归一化处理，设定学习速率为 0.05、训练次数为 50000 次、误差精度为 0.0001。

（4）应用 ARMA 模型进行周期变动项预测。通过绘制自相关和偏相关函数图，确定模型类型为 ARMA 模型，应用 AIC 准则求出最好的阶数为 $p=11$，$q=7$，因此选取 ARMA(11，7) 模型进行预测。

（5）应用粒子群算法确定模型式（4-20）权重系数 w_{BP} 和 w_{ARMA}，应用组合预测模型式（4-19）对周期性变动项进行预测。

设置学习因子 $c_1=c_2=1.5$，种群规模 $m=20$，最大速度 $V_{max}=1$，最小速度 $V_{min}=-1$，惯性权重 $w=0.5$，最大迭代次数 $T=200$，位置最大值 $X_{max}=1$，位置最小值 $X_{min}=0$。

PSO 算法反复迭代 80 次，最终得到最优值为 0.15，即权重系数 $w_{BP}=0.15$ 和 $w_{ARMA}=0.85$。

得到的预测模型为：

$$\widehat{C}_t=0.15\widehat{C}_{BP}(t)+0.85\widehat{C}_{ARMA}$$

（6）应用式（4-1）合成趋势预测值和周期变动预测值，得到最终预测值，结果见表 4-2。

表 4-2 原始数据与组合预测、GM(1, 1)、BP 及 ARMA 预测值对比表

日期	原始	组合预测模型		GM(1, 1)		BP		ARMA	
	数据	预测值	AE	预测值	AE	预测值	AE	预测值	AE
Jul-16	0.5649	0.5421	0.0228	2.2020	1.6371	0.5541	0.0108	0.5000	0.0649
Aug-16	0.5849	0.5471	0.0378	2.1982	1.6133	0.5366	0.0483	0.5119	0.0730
Sep-16	4.6201	4.6042	0.0159	2.1943	2.4258	4.6200	0.0001	4.5643	0.0558
Oct-16	5.4147	5.4106	0.0041	2.1905	3.2242	5.3837	0.0310	5.3911	0.0236
Nov-16	0.6098	0.5693	0.0405	2.1866	1.5768	0.6193	0.0095	0.5570	0.0528
Dec-16	0.5497	0.5189	0.0308	2.1828	1.6331	0.5780	0.0283	0.5104	0.0393
Jan-17	0.6608	0.6639	0.0031	2.1789	1.5181	0.6398	0.0210	0.6654	0.0046
Feb-17	2.4123	2.4004	0.0119	2.1751	0.2372	2.4272	0.0149	2.3595	0.0528
Mar-17	3.0016	2.9782	0.0234	2.1713	0.8303	2.8239	0.1777	2.9409	0.0607
Apr-17	4.1268	4.1136	0.0132	2.1675	1.9593	4.1795	0.0527	4.0602	0.0666
May-17	0.8307	0.7809	0.0498	2.1637	1.3330	0.8781	0.0474	0.7643	0.0664
Jun-17	2.4185	2.4087	0.0098	2.1599	0.2586	2.4884	0.0699	2.3631	0.0554

为了评估该模型的性能，将组合预测模型通过与 GM(1, 1)、BP 神经网络模型和 ARMA 模型进行预测精度对比。预测精度是指预测模型所产生的预测值与历史实际值的拟合程度，用于预测模型拟合好坏程度的评价。常用的评价指标有绝对误差（AE）、均方误差（MSE）、绝对平均误差（MAE）和相对平均误差（MAPE）的绝对值来度量。

表 4-2 和表 4-3 中，单独采用灰色预测法误差最大，其只能反映长期趋势，无法反映周期性波动因素对销售量的影响。相比之下，单一采用 BP 神经网络预测和 ARMA 预测误差要小得多，但是仍比组合预测误差要大。从总体来看，无论从 MSE、MAE 还是 MAPE 评价，组合预测模型的精度都要高于其他三种单一预测方法。可见组合预测模型非常适用于研究既受长期趋势因素影响，又受周期性因素影响的农资销售预测问题。

表 4-3 原始数据与组合预测、GM(1, 1)、BP 及 ARMA 预测精度对比

项 目	MSE	MAE	MAPE
组合预测模型	0.0001	0.0098	0.0263
GM(1, 1)	2.9541	1.5206	1.4375
BP 神经网络	0.0039	0.0426	0.0308
ARMA	0.003	0.0513	0.0484

4.4 基于 CPFR 的农资流通供应链订单预测协同模型

4.4.1 农资流通供应链订单预测协同模型的建立

4.4.1.1 问题描述

供应链分销系统的建模与优化问题受产品类型、流通环节多少和复杂程度的影响较大。为便于研究，本研究以二级分销系统为研究对象，这也是较为常见的供应链类型，由一个生产商、一个分销商和多个零售商构成的农资流通供应链，如图 4-5 所示。

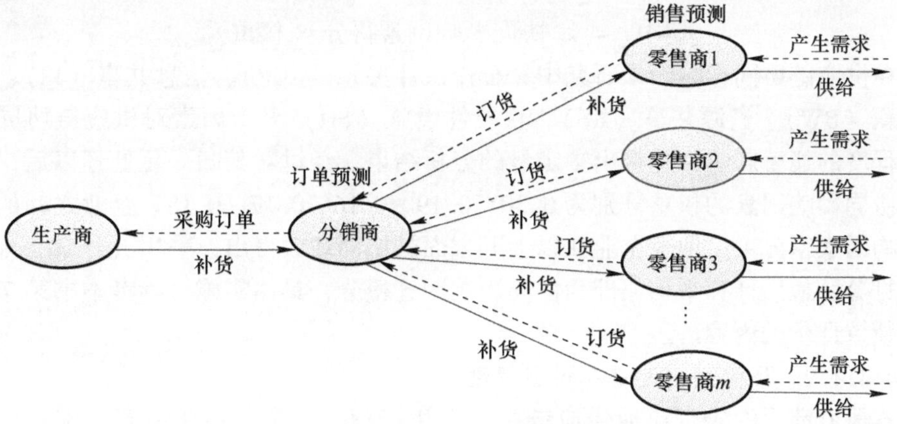

图 4-5 农资流通供应链协同预测示意图

农资供应链分销系统在进行订单预测的过程中，需要实现的目标很多，如成本最低、时间最短及服务水平最高等，当然这些目标之间由于存在着效益背反现象，不可能同时实现。因此，本研究将以成本为目标函数，服务水平作为约束条件建立预测模型。

为研究方便，模型中考虑的成本主要包括以下几项：

(1) 库存持有成本：企业为保障生产和供应的连续性，需要设置合理的库存。这些库存不但占用流动资金，增加利息、保险支出，而且占用空间，还增加能源和设备的维持费用，这些就构成库存持有成本。库存持有成本的高低与库存量的大小直接相关，供应链库存持有成本是多级节点企业库存持有成本之和。

（2）订货成本：是企业为完成订购活动所发生的询价、谈判、制单等活动的支出。订货成本一般与订货次数相关，供应链订货成本由多级节点企业之间发生的订货成本构成。

（3）缺货成本：主要是指由于缺货所发生的惩罚成本和由于错失销售时机所发生的机会成本，缺货损失成本与缺货量相关。本节中供应链上的缺货损失成本主要是指零售商缺货所发生的机会成本。

（4）协同成本：是指供应链节点企业之间为保障各项业务的顺利进行所发生的沟通、交流、协作等的信息成本和管理成本。协同成本与企业之间的协同度和交易量有关。协同度是指企业之间的协同程度，本研究用企业之间的协同绩效表示。其计算公式为：

$$协同度 = \Sigma 协同影响因素得分 \times 权重$$

在供应链协同影响因素研究中，合作伙伴关系（SCP）、信息共享（IS）、利益共赢（BW）、资源共享（RS）、软硬件设施（SH）五个因素对供应链协同有不同程度的显著影响，并得出了定量的分析结果。经过对其归一化处理以后，得到各协同影响因素的权重分别为0.30、0.19、0.16、0.17、0.18。企业之间的协同影响因素得分可由两个企业在以上五方面的协同绩效得出，采用五分或七分制进行打分，最后计算平均值即为协同影响因素得分，具体实施可参考本书第7章协同绩效评价的内容。

4.4.1.2 协同预测过程及模型假设

本研究涉及的农资流通供应链由一个生产商、一个分销商和多个零售商组成。协同预测过程为：各零售商所面对的客户产生需求；零售商接收到客户需求，结合当前的库存水平，确定向分销商的订货量；分销商接收各零售商需求并汇总，结合当前的库存水平，确定向生产商的订货量。

为研究方便做如下假设：

（1）零售商所面对客户需求独立且在一定范围内随机产生；

（2）分销商和零售商均为每期期初订货；

（3）若分销商库存不足以满足零售商需求，则采用紧急订货方式；

（4）生产商生产能力足够大，没有供应能力的限制；

（5）各零售商的销售价格相同；

（6）分销商与各零售商都为周期性订货，均每周订一次货；

（7）各零售商与分销商距离较近，期初订货，本期内即收到货物，分销商向生产商的订货提前期为一周。

4.4.1.3 模型构建

模型中涉及的参数及含义见表4-4。

表4-4　二级网络协同预测模型参数及符号说明

参　数		符号说明
i		表示第 i 个零售商，$i\in[1, k]$
D_{it}^{R}		零售商 i 所接收到的最终顾客的实际需求
P_{M}^{D}		分销商向制造商订购单位产品的价格
P_{S}^{R}		单位产品的销售价格
h_i^{R}，h^{D}		零售商和分销商单位产品的库存持有成本
ω_i，ω		零售商 i 及整条供应链的期望客户服务水平
F_{iD}，F_{DM}		零售商 i 与分销商的协同度，分销商与生产商的协同程度
P_{F}		企业间单位产品的协同成本
决策变量	Q_{it}^{R}	零售商 i 第 t 期向分销商的订货量
	Q_{t}^{D}	分销商第 t 期向生产商的订货量

供应链协同预测的目标是在一定的顾客服务水平约束下，以最低的成本，实现最终消费者需求的满足。然而，消费者需求具有不确定性，供应链节点企业要想实现这些目标，需要多级节点企业以信息共享为基础，进行协同运作，零售商要及时准确地把顾客实际需求转化为向分销商的订单，分销商需要汇总多个零售商需求，并为保障供应链自下而上的协同预测活动的顺利进行，需要结合自己的库存水平、例外事件等，确定向生产商的订货量。

A　零售商的总成本

零售商的总成本由库存持有成本、缺货损失成本两部分构成（为便于研究问题，不考虑固定成本、订购成本及其他无关成本），下面介绍具体计算过程。

t 期期末零售商 i 的库存水平为：

$$I_{it}^{R}=[I_{it-1}^{R}+Q_{it}^{R}-D_{it}^{R}]^{+}\qquad(t=1, 2, \cdots, n)\tag{4-21}$$

其中，$[a]^{+}=\max\{a, 0\}$。

则零售商 i 每期的平均库存量为期初库存量（上期期末库存量）与期末库存量的平均值，其 n 期的平均库存持有成本为：

$$C_{iH}^{R}=\sum_{t=1}^{n}\left(h_i^{R}\cdot\frac{I_{it-1}^{R}+I_{it-1}^{R}+Q_{it}^{R}-D_{it}^{R}}{2}\right)=\sum_{t=1}^{n}\left[h_i^{R}\cdot\left(I_{it-1}^{R}+\frac{Q_{it}^{R}-D_{it}^{R}}{2}\right)\right]\tag{4-22}$$

零售商 i 在 t 期期末的缺货量为：

$$Q_{it}^{s}=[D_{it}^{R}-I_{it-1}^{R}-Q_{it}^{R}]^{+}\tag{4-23}$$

其中，$[a]^{+}=\max\{a, 0\}$。

假设以零售商销售价格的2%作为其单位产品的缺货损失成本，则零售商 i 在 n 期缺货损失成本为：

$$C_{iS}^{R} = \sum_{t=1}^{n} [(0.02P_{S}^{R} \cdot Q_{it}^{S})] \tag{4-24}$$

因此，零售商的总成本为：

$$TC^{R} = \sum_{i=1}^{k} C_{iH}^{R} + \sum_{i=1}^{k} C_{iS}^{R} \tag{4-25}$$

B 分销商的总成本

分销商的总成本主要包括分销商的库存持有成本和紧急订货成本（为便于研究问题，不考虑固定成本、订购成本及其他无关成本），下面介绍其计算过程。

分销商 t 期期末库存水平为：

$$I_{t}^{D} = \left[I_{t-1}^{D} + Q_{t-1}^{D} - \sum_{i=1}^{k} Q_{it}^{R}\right]^{+} \quad (t = 0, 1, 2, \cdots, n) \tag{4-26}$$

其中，$[a]^{+} = \max\{a, 0\}$。

则分销商每期的平均库存量为期初库存量（上期期末库存量）与期末库存量的平均值，分销商的库存持有成本为：

$$\begin{aligned} C_{H}^{D} &= \sum_{t=1}^{n} \left(h^{D} \cdot \frac{I_{t-1}^{D} + I_{t-1}^{D} + Q_{t-1}^{D} - \sum_{i=1}^{k} Q_{it}^{R}}{2} \right) \\ &= \sum_{t=1}^{n} \left[h^{D} \cdot \left(I_{t-1}^{D} + \frac{Q_{t-1}^{D} - \sum_{i=1}^{k} Q_{it}^{R}}{2} \right) \right] \end{aligned} \tag{4-27}$$

分销商在第 t 期期末的缺货量为：

$$Q_{t}^{S} = \left[\sum_{i=1}^{k} Q_{it}^{R} - I_{t-1}^{D} - Q_{t-1}^{D}\right]^{+} \tag{4-28}$$

其中，$[a]^{+} = \max\{a, 0\}$。

此时，分销商若发生缺货，则考虑向生产商紧急订购。假设紧急订购成本为采购价格的 1%，n 期发生的紧急订购成本为：

$$C_{S}^{D} = \sum_{t=1}^{n} (0.01P_{M}^{D} \cdot Q_{t}^{S}) \tag{4-29}$$

因此，分销商的总成本为：

$$TC^{D} = C_{H}^{D} + C_{S}^{D} \tag{4-30}$$

C 协同成本

协同成本由零售商与分销商之间的协同成本、分销商与生产商之间的协同成本两部分组成。

零售商与分销商的协同成本为：

$$C_{F}^{RD} = \sum_{i=1}^{k} \left(P_{F} \cdot \frac{Q_{it}^{R}}{F_{iD}} \right) \tag{4-31}$$

分销商与生产商间的协同成本为：

$$C_{\mathrm{F}}^{\mathrm{DM}} = P_{\mathrm{F}} \cdot \frac{Q_t^{\mathrm{D}}}{F_{\mathrm{DM}}} \tag{4-32}$$

因此，农资供应链流通环节总协同成本为：

$$TC_{\mathrm{F}} = C_{\mathrm{F}}^{\mathrm{RD}} + C_{\mathrm{F}}^{\mathrm{DM}} \tag{4-33}$$

D 供应链订单预测及补货协调的总成本

供应链订单预测及补货协调的总成本（本节中简称供应链成本）为：

$$TC = TC^{\mathrm{R}} + TC^{\mathrm{D}} + TC_{\mathrm{F}} \tag{4-34}$$

若设 f_i 为零售商 i 的客户服务水平，表示 t 期内所有需求被满足的比例，则为：

$$f_i = 1 - \frac{\sum_{t=1}^{n} Q_{it}^{\mathrm{S}}}{\sum_{t=1}^{n} D_{it}^{\mathrm{R}}} \tag{4-35}$$

设 γ_i 为零售商 i 服务水平的权重，其值由零售商 i 的需求占总客户需求的百分比决定，即：

$$\gamma_i = \frac{\sum_{t=1}^{n} D_{it}^{\mathrm{R}}}{\sum_{i=1}^{k}\sum_{t=1}^{n} D_{it}^{\mathrm{R}}} \tag{4-36}$$

则供应链的客户服务水平为：

$$f_{\mathrm{csl}} = \sum_{i=1}^{k} (f_i \cdot \gamma_i) \tag{4-37}$$

综合以上分析过程，以供应链总成本最小为目标函数，以零售商 i 的顾客服务水平和供应链总客户服务水平分别大于期望服务水平 ω_i 和 ω 作为约束条件建立模型如下：

$$\begin{gathered} \min TC = \min(TC^{\mathrm{R}} + TC^{\mathrm{D}} + TC_{\mathrm{F}}) \\ s.\ t.\ f_i \geqslant \omega_i (i = 1, 2, \cdots, k) \\ f_{\mathrm{csl}} \geqslant \omega \end{gathered} \tag{4-38}$$

4.4.2 模型求解的遗传算法

自 1975 年，Holland（1975）教授首次提出了遗传算法以来，遗传算法以高效、实用、鲁棒性强的特点在工业工程、人工智能、自动控制等众多领域得到了广泛应用。

如图 4-6 所示，遗传算法都是经过评价、选择、交叉和变异等功能交互作用，从而达到求出 Pareto 最优解的目的。基本的 GA 优化流程主要由初始种群的生成、编码方法、适值函数、遗传运算、选择策略和停止准则构成。

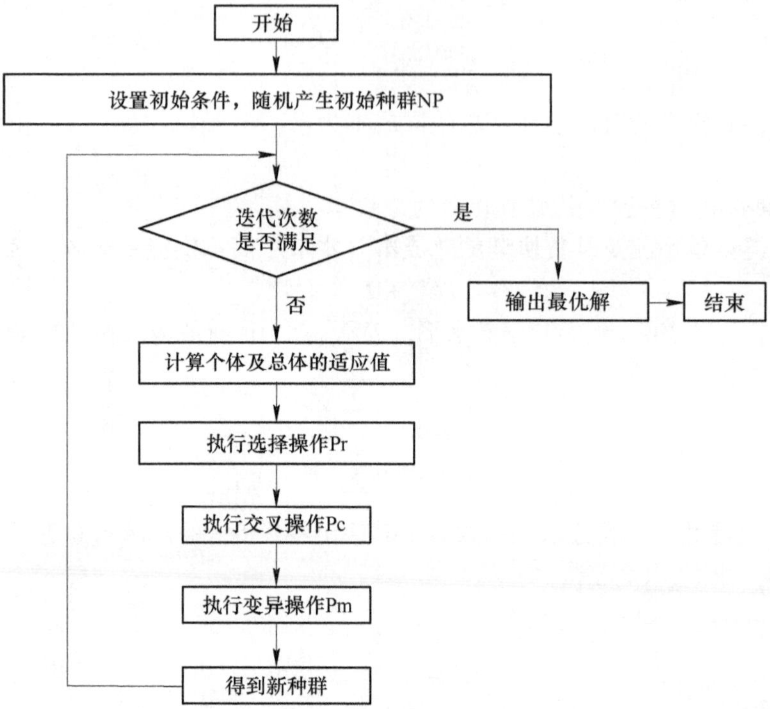

图 4-6　遗传算法的优化流程

模型在求解过程中，适值函数可根据目标函数进行设计。本模型属于目标函数最小值的优化问题，应将其转化为求目标函数最大值问题，即将供应链协同预测的总成本的倒数作为算法中的适值函数，将约束条件 $f_i \geqslant \omega_i$ 和 $f_{csl} \geqslant \omega$ 化作惩罚函数为：

$$p(\varepsilon)=\begin{cases}0 & f_i \geqslant \omega_i \text{ 且 } f_{csl} \geqslant \omega \\ \alpha\cdot(\omega_1 - f_i) & f_i \leqslant \omega_i \text{ 且 } f_{csl} \geqslant \omega \\ \beta\cdot(f_{csl} - \omega) & f_i \geqslant \omega_i \text{ 且 } f_{csl} \leqslant \omega \\ \alpha\cdot(\omega_i - f_i) + \beta\cdot(\omega - f_{csl}) & f_i \leqslant \omega_i \text{ 且 } f_{csl} \leqslant \omega \end{cases}$$

式中　α，β——惩罚系数，其值为正数。

则适值函数为：

$$\varphi=\frac{1}{TC}+p(\varepsilon)$$

模型的具体求解步骤见算法 4-2。

算法 4-2 遗传算法的优化步骤：

(1) 种群初始化及参数设置。进化代数计数器 $g=0$，随机生成 NP 个个体作

为初始种群 $P(0)$ 。

(2) 评价个体。计算群体 $P(t)$ 中个体的适应值。

(3) 选择操作。将选择算子作用于群体，根据个体适应值，按照轮盘赌法选择优良个体进入下一代群体 $P(t+1)$。

(4) 交叉操作。将交叉算子作用于群体，对选中的成对个体，采用实数单点交叉法产生新的个体进入下一代群体 $P(t+1)$。

$$a'_{kj} = a_{kj}\beta + a_{lj}(1-\beta)$$
$$a'_{lj} = a_{kj}(1-\beta) + a_{lj}\beta$$

式中 a'_{kj}，a'_{lj}——第 k 个染色体 a_k 和第 l 个染色体 a_l 在 j 位的位值；

β——［0，1］区间随机数。

(5) 变异操作。将变异算子作用于群体，对选中的个体，采用改进位值变异，其位值可以在一定范围内变化，变异步长随机产生；但是变异的步长范围随着迭代次数的增加而逐渐缩小，这样可以更好地进行局部搜索。变异操作如下：

$$z'_k = z_k + \delta \cdot f(g)$$
$$f(g) = r(1 - g/G)$$

式中 z'_k——变异后的某一个基因的位值；

z_k——变异前染色体某一个基因的位值；

δ——变异步长，其在［-1，1］范围内随机产生；

r——［0，1］区间随机数；

g——当前迭代次数；

G——设置的最大迭代次数。

(6) 判断是否满足停止准则。若满足最大迭代次数，则输出最优解，算法结束；若不满足，则计算总体适应值，判断是否满足给定的最小偏差。若满足则输出最优解，算法结束；若不满足则转到步骤（3）继续进行选择操作。

4.4.3 模型应用及协同预测效果分析

本节仍以HN农资公司为例，研究其分销的一个品种化肥的需求预测问题。其下游20个零售商，即 $k=20$。如图4-7所示，本研究选取了2017年3~7月HN农资公司向某品种化肥生产商的订货总量、20个零售商所接收到的客户每周的需求总量及向HN公司发出的订货总量。

模型中各参数及算法参数设置为：$P_M^D = 1700$ 元/吨，$P_S^R = 1900$ 元/吨，$h_i^R = h^D = 0.5$ 元/吨，$\omega_i = 95\%$，$\omega = 95\%$，$F_{iD} \in [3, 5]$，$F_{DM} = 4$，$P_F = 1$ 元/吨，$NP = 100$，$P_c = 0.9$，$P_m = 0.01$，$NG = 300$。

根据上述参数，采用4.3.3节中设计的遗传算法，第1期期初分销商库存为

250 吨，零售商的库存量为 0 吨，客户各期需求不变，模拟 20 个订货周期，得到分销商及零售商的订货总量，优化前后的对比结果如图 4-7 和图 4-8 所示。

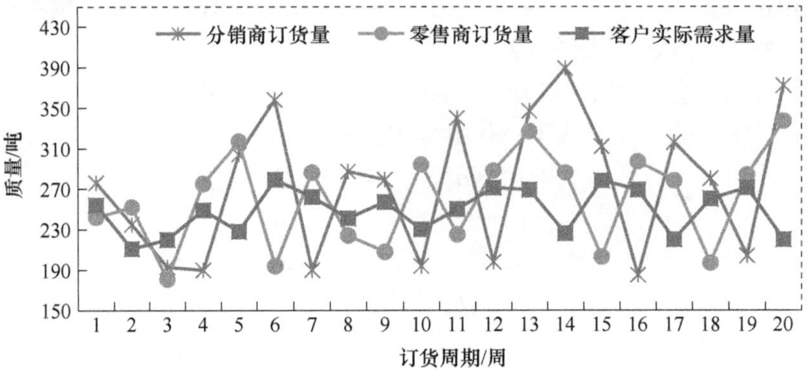

图 4-7 优化前供应链各级节点订货曲线

从图 4-7 看出，供应链优化前“牛鞭效应”显著，客户实际需求量波动幅度并不大，但零售商向分销商的订货量产生大幅波动，分销商向生产商的订货量波动更大，已经偏离客户的实际需求，且反应较为滞后。如图 4-8 所示，优化后的各级节点企业的订货量波动幅度较小，订货量相差不大，由此说明协同预测模型能较好地预测分销商及零售商的订货量，能够有效缓解供应链上的“牛鞭效应”。

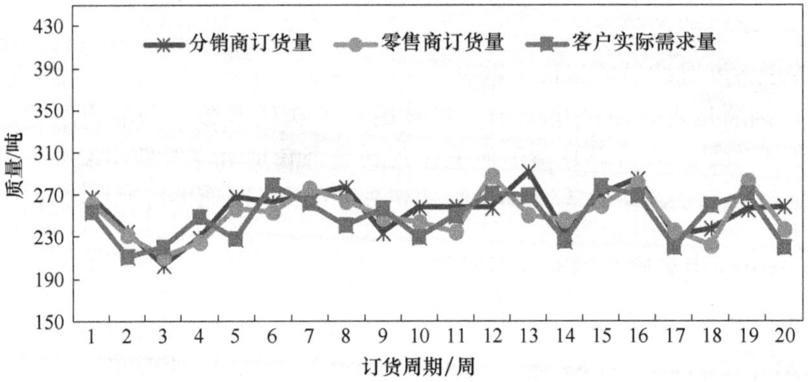

图 4-8 优化后供应链各级节点订货曲线

如图 4-9 所示，从优化前后的供应链总成本曲线图可以看出，优化前供应链总成本居高不下，这即是“牛鞭效应”对供应链造成的主要影响。而模型优化后的供应链总成本处于较低成本水平，且波动较小，证明供应链协同预测模型能够有效降低供应链总成本。

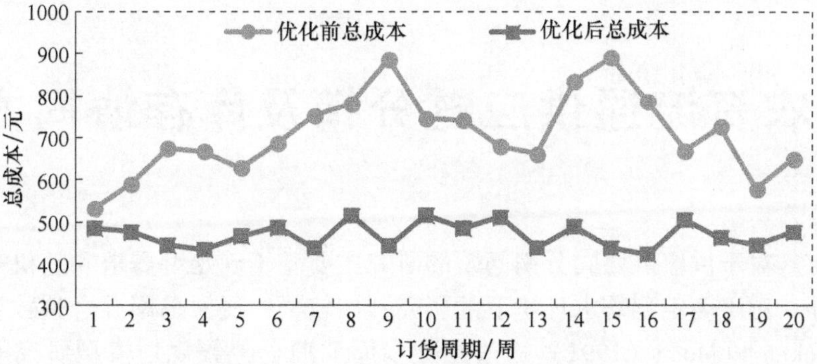

图 4-9 优化前后供应链总成本曲线

4.5 本章小结

农资供应链运作环环相扣，下游分销商对于终端需求的准确预测直接关系到上游生产商、原材料供应商的科学决策。因此，要想实现科学预测不再是单独一个企业的事情，它不仅需要多方通力合作和信息共享，更需要科学预测方法和手段的应用。具体结论如下：

(1) 建立了需求预测的协同框架，确定了实现需求预测协同的关键步骤。从需求分析阶段、预测方法实施阶段、预测效果评价阶段和预测方案选择阶段详细阐明了需求预测协同是系统工程，不仅需要选取科学适用的预测方法，更需要上下游企业协同工作，在信息共享的前提下由多企业、多部门人员共同组成需求预测团队，共同进行市场调研和形势分析，把握需求动向，分析竞争环境，形成强有力的供应链系统并且与其他农资供应链进行竞争。

(2) 通过对需求波动的影响因素分析，确定了需求预测的二重时间序列的组合预测模型。通过将组合预测模型与 GM(1, 1)、BP 神经网络模型和 ARMA 模型进行预测精度对比，发现每一种预测模型虽有较明显的优势，但又不可避免地会过滤到一些异常信息。因此，为了提高预测精度，需要结合各预测模型的优势，尤其是对于较为复杂的农资订单预测采用组合预测方法较为适用。

(3) 建立了基于 CPFR 协同预测模型。该模型以零售商所面对的客户随机需求为导向，以既定的客户服务水平为约束条件，结合农资供应链下游各节点企业的库存水平、缺货情况及协同程度，自下而上协同确定各阶段零售商和分销商的订货量，以保证总成本最低。该模型采用了遗传算法进行求解，结合实证研究结果，进行了优化前后的订货量及总成本比较，证明该协同预测模型能有效缓解“牛鞭效应”的影响，并能有效降低供应链的总成本。

5 农资流通供应链分销及库存协同方法

目前，对于供应链协同分销问题的研究主要基于确定型需求和随机需求两个方面展开。对于确定型需求环境下的研究开始较早，通常采用混合整数规划方法建模。Cohen 和 Moon（1991）通过建立多周期混合整数规划模型研究了涉及原材料采购量、产品生产量、出货量的生产线分配和工厂负荷问题[134]。Arntzen 等人（1995）则通过建立多周期的混合整数模型为 DEC 公司确定了供应-生产-分销计划[135]。Lanzenauer 和 Glombik（2002）为进行订货、生产和运输决策，建立了多周期的混合规划模型，并提出了计算机求解方法[136]。由于确定需求环境假设的制约，导致协同计划模型的应用并不普遍，具有很大的局限性。因此，越来越多的学者开始探索在随机需求环境下研究供应链计划协同问题。Lee 和 Galindo（1999）通过建立多周期线性规划模型，采用仿真技术，结合优化方法研究了供应链生产—分销问题[137]。Hassini 等人（2008）通过建立具有概率约束的多供应商、单制造商和多分销中心的多目标数学规划模型，研究了供应链产供销计划问题，并提出了模糊求解算法[138]。田俊峰、杨梅等人（2008）则建立了带有补偿问题的多周期二级随机规划模型，并提出了仿真与优化相结合的求解策略[139]。

供应链的协同是原材料供应商、生产商、分销商、零售商共同对原材料供应、产品生产及分销、零售等进行决策，以实现协同运作的过程。供应链涉及的企业众多，彼此独立，若缺乏必要的合作与信息共享机制，各自独立进行决策，容易造成供需失衡，进而产生诸多负面影响。尤其是当前农资供应链下游的分销及库存协同问题日益突出，这必将对整条供应链的协同与运作的效率产生重要影响。因此，本章在农资供应链协同预测研究的基础上，以需求协同预测为依据，对农资流通供应链二级分销及库存协同问题展开研究具有重要意义。

5.1 二级分销及库存协同模型

农资供应链的分销及库存协同问题涉及农资生产商、分销商和零售商在生产、供应和销售方面的协同决策。通过协同确定各时间段分销商的订货量、分销商的库存量及分销商向零售商的补货量，以达到在整个计划期内实现供需平衡、系统总成本最小、时间满意度最高的目的。由于这样的供应链涉及的范围广，环节多，参与的企业众多，尤其是上游原材料供应商的情况复杂，因此难以通过单一模型解决上述所有问题。

5.1.1 供应链分销及库存协同的评价重点

对于分销系统的高效管理，长期以来都是学者们研究的热点和难点问题。尤其是随着信息技术的高速发展，供应链管理理念的普及与深入实践，分销领域协同运作的热潮不断高涨。协同分销、协同库存、协同补货等策略受到了众多企业的追捧和大胆实践，成为分销链条上降低物流成本的有效途径之一[140]。

如前所述，农资供应链协同主要受供应链合作伙伴关系、信息共享、利益共赢、资源共享等因素的共同影响。正因为这些因素的综合作用，导致供应链协同的程度迥异，其体现的直接结果则是供应链分销成本、反应时间、缺货率等方面的差距。这正为本节研究分销及库存协同问题，建立合理的协同模型提供了参考。

供应链的二级分销系统在现实中是比较常见的，如图 5-1 所示，由分销商、零售商及客户共同组成了农资流通供应链的二级分销系统。

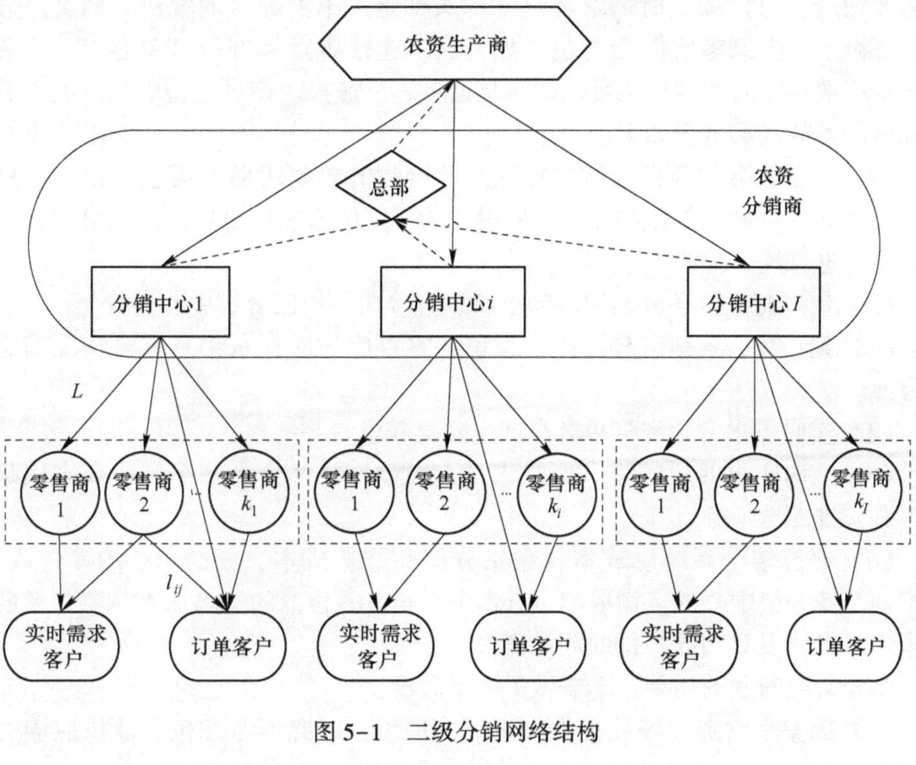

图 5-1 二级分销网络结构

目前，学者们对此领域研究的成果很多，为企业探索供应链的协同提供了参考。但是为了研究的方便，对许多问题进行了简化。例如，假设分销中心不持有库存，不考虑订货提前期的影响，单纯进行成本方面的优化，而忽视了时间效率等问题。但是若不进行这些假设，同时考虑成本与时间方面的优化，又会面临很多难题。例如，既考虑分销中心的库存，又考虑零售店的库存，增大了库存控制决策的难度；提前期的差异使得库存决策的动态性增强；成本与时间构成的双目标优化问题求解算法还不具有通用性。基于以上问题的考虑，本节构建了基于成本与时间满意度的双目标协同模型，以此来研究农资流通供应链分销及库存问题。

5.1.2 问题描述及符号说明

不失一般性，农资供应链下游主要由生产商、分销商和零售商组成的多层网络结构。如图 5-1 所示，分销商根据行政区域划分为多个销售市场，并建立多个区域分销中心，分销中心持有库存，其兼具分销任务和配送功能。由于物流业的发展及通信网络的普及，客户订购及配送业务得到了进一步拓展。因此，本研究将终端客户分成两类：订单客户（通过网络及通信工具完成订购活动的客户，一般需要配送上门）和实时需求客户（即买即走，不需配送的客户）两类。分销中心下游辐射多家零售门店（包括加盟店、连锁店）和部分订单客户，门店既可满足终端实时需求客户也可同时满足订单客户需求。该供应链农资采购、分销及配送决策的基本过程如下：

(1) 期初，分销商根据需求预测及所接收的零售店面的需求和订单客户订单，决策其订货量，其订购提前期假设均为 L；并把这些信息传递给总部，由总部汇总后进行统一采购。

(2) 生产商根据各分销中心需求组织直接向各地区分销中心供货。

(3) 到货后，各地区分销中心根据各零售店的库存水平及需求情况确定分配方案。

(4) 实时需求客户和订单客户产生随机需求。

(5) 实时需求客户的需求即时满足，决策订单客户由哪个零售商来满足需求，并安排配送任务。

(6) 评价整个系统总成本（包括分销商作业成本、分销中心的库存成本、生产商至各分销中心的运输成本，分销中心至各零售商的运输成本，零售商的缺货损失成本）及订单客户的时间满意度。

结合研究问题的需要，本节做了如下假设：

(1) 因整个农资市场处于供大于求的局面，因此不考虑生产商供应能力的限制。

(2) 计划期内分销商单位作业成本及单位产品运输成本、单位库存成本较稳定。

（3）同一地区的需求仅由 1 个分销中心满足。

（4）实时需求客户和订单客户的市场需求随机且服从相互独立的正态分布，其期望值满足第 4 章的预测结果。

如图 5-1 所示，各分销中心独立运营，供应有严格的分区，不存在跨区配送的情况，因此只需研究一个分销中心的协同分销与库存问题，最后汇总，就形成整个系统的分销协同数据。为便于描述，本模型只选取其中一个分销中心作为研究对象，模型中各参数的符号表述及含义见表 5-1。

表 5-1 二级分销网络模型参数及符号说明

参数		符号说明
i，j		供应链中销售商的编号，$i=0$ 表示分销中心，$i\in[1, k]$ 表示零售商；订单客户编号，$j\in[1, M]$
μ_i，σ_i		零售商 i 满足实时客户需求的均值和标准差
μ_j，σ_j		订单客户 j 需求的均值和标准差
p_i		分销中心及零售商 i 满足订单客户需求的单位作业成本
s_i		零售商单位缺货损失成本和分销中心未能满足订单客户需求的缺货损失成本
cg_i		满足订单客户需求能力的固定成本
cr_i		分销中心到零售商 i 的单位配送成本
cu_{ij}		分销中心和零售商 i 满足订单客户 j 需求的单位配送成本
h_i		分销中心和零售商 i 的单位库存成本
L		分销商对零售商补货的时间
l_{ij}		零售商和分销商满足订单客户需求的时间
wp_i		分销中心及零售商 i 的库存能力
决策变量	Q	分销中心向生产商的订购数量
	x_i	分销中心及零售商 i 是否开展订单客户订购及配送业务（$x_i=1$ 开展，$x_i=0$ 未开展）
	y_{ij}	分销中心及零售商是否满足订单客户 j 需求（$y_{ij}=1$ 满足，$y_{ij}=0$ 未满足）

5.1.3 分销及库存协同模型的建立

农资产品因其具有明显的季节性需求特征，在进行分销决策过程中既要注重系统总成本最优，也要重视供应的及时性问题。因此，本研究以成本和时间作为决策目标，建立了双目标约束规划模型，保证以较低的成本、实现较短时间供应的目的，以提高客户满意度。

5.1.3.1 期望总成本目标函数

本节主要考虑分销商及零售商的相关成本，因此期望总成本由二者的固定成本 CG、库存成本 CS、运输成本 CC、运作成本 CO 和缺货损失成本 CB 构成[140]。

其中，分销中心和零售商是否开展订购及配送业务的固定成本为：

$$\mathrm{CG} = \sum_{i=0}^{K} (x_i \cdot cg_i)$$

假设分销中心直接满足订单客户需求，因此采用文献［140］需求分配法，分销中心分配后的初始库存为：

$$r_0 = \sum_{j=1}^{M} (\mu_j,\ y_{0j}) + \frac{Q - \sum_{i=0}^{K}\left[\mu_i + \sum_{j=1}^{M}(\mu_j,\ y_{0j})\right]}{\sum_{i=0}^{K}\sqrt{\sigma_i^2 + \sum_{j=1}^{M}(\sigma_i^2,\ y_{ij})}} \sqrt{\sum_{j=1}^{M}(\sigma_i^2,\ y_{0j})} \tag{5-1}$$

若令 D 为分销中心订购期内订单客户需求总量，其需求满足 $N(\mu_j,\ \sigma_j^2)$ 分布，则总需求 D 满足正态随机变量的线性组合，参数如下：

$$\hat{\mu}_0 = \sum_{j=1}^{M} (\mu_j y_{0j})\ \hat{\sigma}_0 = \sqrt{\sum_{j=1}^{M} (\sigma_j^2 y_{0j})} \tag{5-2}$$

若设 $G_0(\cdot)$ 为订单客户需求 D 的累计分布函数，则本期期末分销中心满足订单客户需求的期望库存成本与缺货损失成本可表示为：

$$\mathrm{CS}_0 + \mathrm{CB}_0 = \int_0^{r_0} h_0(r_0 - x)\,\mathrm{d}G_0(x) + \int_{r_0}^{\infty} s_0(x - r_0)\,\mathrm{d}G_0(x)$$

从而有

$$\mathrm{CS}_0 + \mathrm{CB}_0 = [h_0\lambda_0 + (h_0 + s_0)R(\lambda_0)] \sqrt{\sum_{j=1}^{M}(\sigma_j y_{0j})} \tag{5-3}$$

其中，$G_0(\cdot)$ 表示单位正态右尾线性损失函数，分销中心期末库存与库存标准差的比值 λ_0：

$$\lambda_0 = \frac{Q - \sum_{i=0}^{K}\left[\mu_i + \sum_{j=1}^{M}(\mu_j y_{ij})\right]}{\sum_{i=0}^{K}\sqrt{\sigma_i^2 + \sum_{j=1}^{M}(\sigma_j^2 y_{ij})}},\ R(\lambda_0) = \int_{\lambda_0}^{\infty} \frac{x - \lambda_0}{\sqrt{2\pi}} \mathrm{e}^{-\frac{x^2}{2}} \mathrm{d}x \tag{5-4}$$

同理，可得到零售商的期望库存成本和缺货损失成本为：

$$\mathrm{CS}_i + \mathrm{CB}_i = \sqrt{L+1}\sum_{i=1}^{K}\left\{[h_i\lambda + (h_i + s_i)R(\lambda)]\sqrt{\sigma_i^2 + \sum_{j=1}^{M}(\sigma_j^2 y_{ij})}\right\}$$

采用文献［141］的结果，得到分销中心和零售商的总期望库存成本和缺货损失成本为：

$$CS + CB = L\sum_{i=1}^{K}\left\{h_i\left[\mu_i + \sum_{j=1}^{M}(\mu_j y_{ij})\right]\right\} + [h_0\lambda_0 + (h_0 + s_0)R(\lambda_0)]$$
$$\sqrt{\sum_{j=1}^{M}(\sigma_j y_{0j})} + \sqrt{L+1}\sum_{i=1}^{K}\left\{[h_i\lambda + (h_i + s_i)R(\lambda)]\sqrt{\sigma_i^2 + \sum_{j=1}^{M}(\sigma_j^2 y_{ij})}\right\} \tag{5-5}$$

其中 λ 为：

$$\lambda = \frac{Q - \sum_{i=1}^{K}\left\{(L+1)\left[\mu_i + \sum_{j=1}^{M}(\mu_j y_{ij})\right]\right\}}{\sqrt{(L+1)\left[\sum_{i=1}^{K}\sqrt{\sigma_i^2 + \sum_{j=1}^{M}(\sigma_j^2 y_{ij})}\right]^2}}, R(\lambda) = \int_{\lambda}^{\infty}\frac{x-\lambda}{\sqrt{2\pi}}e^{-x^2/2}dx \tag{5-6}$$

模型中运输成本 CC 包括两部分：分销中心向零售商运输的成本，分销中心或零售商向订单客户配送的成本，具体表达式如下：

$$CC = \sum_{i-1}^{K}\left\{cr_i\left[\mu_i + \sum_{j=1}^{M}(\mu_j y_{ij})\right]\right\} + \sum_{i=0}^{K}\sum_{j=1}^{M}(cu_{ij}\cdot\mu_j\cdot y_{ij}) \tag{5-7}$$

系统运作成本主要包括分销中心和零售商满足订单客户需求的作业成本，具体表达式为：

$$CO = \sum_{i=0}^{K}\sum_{j=1}^{M}(p_i\cdot\mu_j\cdot y_{ij}) \tag{5-8}$$

因此，系统单周期期望总成本表示为：

$$\begin{aligned}TC &= CG + CS + CB + CC + CO\\
&= \sum_{i=0}^{K}(x_i\cdot cg_i) + L\sum_{i=1}^{K}\left\{h_i\left[\mu_i + \sum_{j=1}^{M}(\mu_j y_{ij})\right]\right\} +\\
&\quad [h_0\lambda_0 + (h_0+s_0)R(\lambda_0)]\sqrt{\sum_{j=1}^{M}(\sigma_j y_{0j})} +\\
&\quad \sqrt{L+1}\sum_{i=1}^{K}\left\{[h_i\lambda + (h_i+s_i)R(\lambda)]\sqrt{\sigma_i^2 + \sum_{j=1}^{M}(\sigma_j^2 y_{ij})}\right\} +\\
&\quad \sum_{i-1}^{K}\left\{cr_i\left[\mu_i + \sum_{j=1}^{M}(\mu_j y_{ij})\right]\right\} + \sum_{i=0}^{K}\sum_{j=1}^{M}(cu_{ij}\cdot\mu_j\cdot y_{ij}) +\\
&\quad \sum_{i=0}^{K}\sum_{j=1}^{M}(p_i\cdot\mu_j\cdot y_{ij})\end{aligned} \tag{5-9}$$

5.1.3.2 时间满意度目标函数

时间满意度一般用时间满意度函数来衡量，反映用户对于上游企业满足其需求的反应时间的满意程度。本节根据函数选用原则，选取余弦分布时间满意度函数[141]。本系统时间满意度主要是指订单客户对于其上游分销中心或零售商配送时间的满意度。

假设 UL_j 为订单客户 j 感到非常满意时所愿意接受的最长等待时间，UU_j 为订单客户 j 感到非常不满意时所愿意接受的最短等待时间，则订单客户 j 需求的时间满意度函数分别为：

$$ts_{ij} = \begin{cases} 1 & l_{ij} \leqslant UL_j \\ \dfrac{1}{2} + \dfrac{1}{2}0\cos\left[\dfrac{\pi}{UU_j - UL_j}\left(l_{ij} - \dfrac{UU_j + UL_j}{2}\right) + \dfrac{\pi}{2}\right] & UL_j < l_{ij} \leqslant UU_j \\ 0 & l_{ij} > UU_j \end{cases} \tag{5-10}$$

因此，系统期望时间满意度水平为：

$$TS = \sum_{i=0}^{K}\sum_{j=1}^{M}(ts_{ij} \cdot y_{ij}) \tag{5-11}$$

5.1.3.3 分销及库存协同模型

模型为系统期望目标总成本最小与时间满意度最大的双目标非线性整数规划模型，计算如下：

$$(\mathrm{P}_1)\begin{cases}\min TC \\ \max TS\end{cases}$$

$$\text{s.t.}\ \mu_i + \sum_{j=1}^{M}(\mu_j y_{ij}) + \gamma_i\sqrt{\sigma_i^2 + \sum_{j=1}^{M}(\sigma_j^2 y_{ij})} \leqslant wp_i \quad (i = 0,\ 1,\ \cdots,\ K) \tag{5-12}$$

$$\sum_{i=0}^{K} y_{ij} = 1 \quad (j = 1,\ 2,\ \cdots,\ M) \tag{5-13}$$

$$y_{ij} \leqslant x_i \quad (i - 0,\ 1,\ \cdots,\ K;\ j = 1,\ 2,\ \cdots,\ M) \tag{5-14}$$

$$Q \geqslant 0 \tag{5-15}$$

$$x_i \in \{0,\ 1\} \tag{5-16}$$

$$y_{ij} \in \{0,\ 1\} \quad (i = 0,\ 1,\ \cdots,\ K;\ j = 1,\ 2,\ \cdots,\ M) \tag{5-17}$$

模型中约束式（5-12）是分销中心及零售商的库存能力约束，其中 $\gamma_i = \varphi^{-1}\left(\dfrac{s_i}{s_i + h_i}\right)$ [141]为安全因子；约束式（5-13）表示同一订单客户需求最多由一个设施满足；约束式（5-14）表明只有开展线上业务的分销中心和零售商 i 才能被指派满足订单客户需求；约束式（5-15）用来表明分销中心的订货量非负；式（5-16）和式（5-17）定义了 0~1 变量。

5.2 混合多目标优化问题的遗传算法

5.2.1 多目标模型优化算法分析

现实中的问题错综复杂，不但影响因素众多，也存在着多重目标的实现问题。因此，通过建立单一目标来解决企业问题往往具有很大的局限性，随着研究问题复杂性的提高，多目标优化问题日渐成为众多学者的研究重点。为了更好地拟合现实，很多学者建立了多目标优化模型，形式如下：

$$\min[f_1(x),\ f_2(x),\ \cdots,\ f_n(x)]$$

$$\text{s. t.}\begin{cases} lb \leqslant x \leqslant ub \\ A \cdot x \leqslant a \\ A_{eq} \cdot x = b_{eq} \end{cases}$$

其中，$f_i(x)$ 为目标函数，约束条件分别为变量 x 的上下限约束、线性不等式约束和线性等式约束。

在上述目标函数中往往存在着相互冲突的目标函数，即一个目标函数值的提高总是以另一个或另几个目标函数值下降为代价。多目标优化模型中目标的不一致性导致很难产生全局最优解，同时达到所有目标函数最优，但非劣解很多，由此形成一组由相互矛盾的解形成的折中解的集合[139]。这些非劣解中存在一个或多个这样的非劣最优解：即使一个或多个目标函数不可能再进一步优化，而对于其他目标函数也不至于劣化。

对于多目标规划模型目前还没有公认的算法，通常为求最满意的一个非劣解，在现实优化问题中主要有三种处理方法。第一种是非劣解集生成法，即先通过加权法、约束法、加权与约束混合法求出大量非劣解，构成非劣解集，然后按照决策者的意图从中找出满意解作为最终解；第二种方法为交互法。即通过分析者和决策者对话的方式，逐步求出最终解，这种方法为求解线性约束多目标优化的 Geoffrion 法；第三种方法是权重法，即为每个目标函数分配权重，从而形成权重目标组合，将多目标问题转化为单一目标优化问题。

当前，利用进化算法求解多目标优化问题是进化计算领域的一个热门方向。遗传算法、粒子群算法、蚁群算法、免疫优化算法等不断被应用于求解多目标优化问题[142-147]。其中，遗传算法无疑成为应用最为广泛和最为成功的一种方法。

5.2.2 混合多目标模型优化的遗传算法流程

Schaffer（1985）首先将遗传算法与多目标优化问题相结合提出了矢量评价遗传算法[148]。为满足各自不同领域的优化问题的研究需要，很多学者在标准遗传算法的基础上提出了改进算法，主要的改进方向集中在编码方法、选择策略、交叉算子、变异算子及参数设置等方面[149-151]。

（1）多目标算法的编码方法。改进遗传算法的编码方法除 0-1 二进制编码外还常常用到顺序编码、实数编码和整数编码。顺序编码是用 1 到 n 不重复的自然数来编码，即 $x_i=(1,\ 2,\ \cdots,\ n)$，且当 $i \neq j$ 时，$x_i \neq x_j$，这种方法适用于指派问题、旅行商问题及单机调度问题。实数编码是用一组实数集 $X=(x_1, x_2, \cdots, x_n)$ 来表示不同染色体，这种编码方法便于大空间搜索，适用于具有连续问题的优化。整数编码则类似于顺序编码方法中染色体由一组自然数构成，但允许染色体不同位置基因相同，这种编码方法适用于时间优化问题和选择问题等。在多目标优化问题中，由于目标函数的多样性，除含有线性规划问题外，还包括整数规划、非线性规划问题，因此为适应模型需要往往采用上述几种方法相结合的混合编码方法。

(2) 适值函数的标定方法。在处理多目标问题时，遗传算法遇到的一个主要问题就是适应值分配机制。目前处理的方法包括：向量评价法、目标规划方法、基于 Pareto 方法等[151]。另外，还有权重法，即通过固定权重法、随机权重法和适应性权重法等权重的调整方法，给多目标函数分配合理权重，从而按权重目标组合将多目标问题转化为单目标问题，此方法的关键是选择合理的权重分配策略。

(3) 多目标遗传算法的求解机制。在处理多目标问题中 GA 有不同的求解机制。目前应用比较广泛的是随机权重方法（Random-weight Approach)、SPEA (Strength Pareto Evolutionary Algorithm)、NSGA（Non-dominated Sorting Genetic Algorithm）及 NSGA Ⅱ。随机权重法是先构建权重与目标函数的关系模型，在选择交叉之前生成一组随机权重，随后计算每个个体的适应值，计算选择概率，并将 Pareto 解中的极值点应用精英保留策略复制到下一代[152-154]。SPEA 法则每次都将非支配解储存在一个不断被更新的外部种群，并使用 Pareto 观念保持种群的变化度。适应函数值由在外部种群中的非支配解数量与被它支配的成员个数决定，并使用聚类的方式来删除多余的非支配解[155]。NAGA 是一种基于最优概念的多目标进化算法，其与 GA 的主要区别在于选择算子的不同。首先对种群按照个体的非劣性进行排序，找出当前若干非劣最优解，构成第一个非劣最优解层，并给其赋予一个共享的较大的虚拟适应值。将个体原来的适应值除以与其周围的个体数目成比例的一个数，得到个体的适应值并以此执行选择操作。同理，对种群中剩下的个体进行分类，找出第二层非劣最优解，并赋予一个新的稍小的虚拟适应值，以此方式直至划分完整个种群，完成选择操作[156-158]。

结合农资流通供应链分销及库存协同模型的特点，其属于混合多目标优化问题，可应用基于精英重组的遗传算法进行求解。具体的优化流程如图 5-2 所示。

具体的优化步骤见算法 5-2，算法 5-2 改进遗传算法的优化如下：

(1) 参数设置，种群初始化。设置进化代数计数器 $g=0$，设置大小为 N 的用于保存选择的最优个体的精英集合，随机生成 NP 个个体作为初始种群。

(2) 计算群体 $P(t)$ 中个体的适应值。

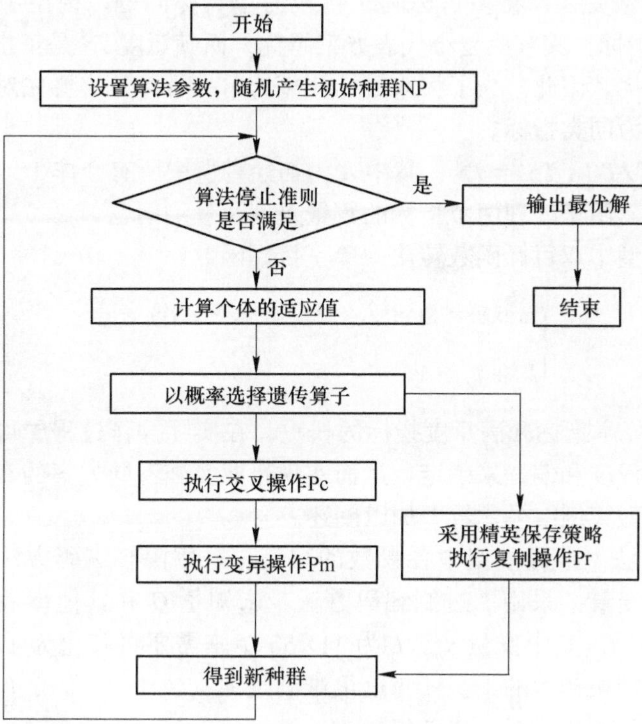

图 5-2 改进遗传算法的优化流程

(3) 按照精英保存比例 γ 进行选择操作。应用精英选择策略，根据个体适应值，选择优良个体进入下一代，具体选择操作参考 5.2.3 节中的关键步骤 (3)。

(4) 按照交叉概率进行交叉操作。对选中的成对个体，以一定概率交换它们的部分染色体，从而产生新的个体进入下一代群体，具体交叉操作参考 5.2.3 节中的关键步骤 (4)。

(5) 根据变异概率进行变异操作。对选中的个体，以一定概率改变个体的某几个基因，从而生成新个体进入下一代群体 $P(t+1)$，具体变异操作参考 5.2.3 节中的关键步骤 (5)。

(6) 判断是否满足停止准则。若满足最大迭代次数，则输出最优解，算法结束；若不满足，则转到步骤 (3) 继续进行选择操作。

5.2.3 分销及库存协同模型优化的改进遗传算法关键步骤

根据上述改进遗传算法的优化流程，农资流通供应链分销及库存协同模型的求解关键步骤如下：

(1) 权重系数变换，将多目标问题转换为单目标问题。模型中目标函数总成本 TC 属于负指标，其数值越小代表方案越优，而满意度 TS 是正指标，其数值越大表示方案越优。因此，为了将双目标转化为单一目标，需要先对两个指标进行处理，使其变为同类指标。

设 $TC' = 10^{\alpha}/TC$ ，$TS' = TS$ ，其中 α 为初始种群中所有个体 TC 和 TS 的最大值相差的数量级，用于处理两个指标的数量差别及量纲问题。

由此，把模型中双目标函数转化为单一目标函数：

$$\begin{cases} \max F = \max(l_1 \cdot TC' + l_2 \cdot TS') \\ l_1 + l_2 = 1 \end{cases} \tag{5-18}$$

其中，l_1 和 l_2 是成本指标和满意度指标的权重，在实际操作过程中可以根据企业对两目标的重视程度和偏好来确定，从而实现企业实施不同方案的意图。这一内容将在 5.3.1 模型算例结果比较中加以阐述。

(2) 编码方法。根据模型中各参数的取值，采用混合编码方法。其中未知量 x_i，y_{ij}为 0-1 变量，采用二进制编码方法；未知量 Q 和其他参数均为实数变量，采用实数编码，其中变量 y_{ij}，l_{ij}为 11×50 矩阵需要将其化为 1×550 一维矩阵。另外，由于随机产生的 x_i，y_{ij}变量很难满足式（5-13）和式（5-14）的约束，因此在初始种群生成时，先随机生成一组 x_i 值，然后根据生成的 x_i 和约束条件，再随机生成满足条件的一组 y_{ij} 。

(3) 选择操作。算法中采用轮盘赌法，即基于适应值比例的选择策略选择优良个体组成新一代种群。同时，为了保证子代继承父代较好基因，采用精英保存策略保留较优个体，即先执行交叉变异操作，得到新一代种群，再对旧种群中根据精英保留的选择比例，选出最好的部分个体，替代新种群中最差的相等数量个体，以形成稳定的下一代。

(4) 交叉操作。与单纯的二进制编码或实数编码相比，混合编码方法在交叉变异操作时更为复杂，需要进行一些特殊处理。

本节所使用的交叉方法为单点交叉，根据交叉概率对从种群中选出的两个个体随机选择切点进行交叉操作，若出现个体的编码不合法，则使用拒绝策略。对未知量 x_i，y_{ij} 为 0-1 变量，采用二进制编码方法，若随机选择的切点处于 x_i，y_{ij} 位置其交叉操作直接互换右侧子串。对于采用实数编码方式的部分，其交叉操作仍采用实数交叉法（具体方法可参考算法 4-2 遗传算法的优化步骤）。

(5) 变异操作。在多数遗传算法中，变异策略的操作一般与代数无关。例如，在进化初期需要大范围搜索，在进化后期所得的解一般较优，通过局部搜索更有利于找到最优解，因此本节所用的变异策略是一种改进位值变异。对于变量

x_i，y_{ij}，采用二进制编码，其位值只能是 0，1 两种选择，而对于其他采用实数编码的变量，其位值可以在一定范围内变化。本节中因染色体是由 7 个变量构成，因此变异时随机选择 7 个变量的不同位置同时进行变异操作，各位置变异步长随机产生，但是变异的步长范围随着迭代次数的增加而逐渐缩小，对于实数部分仍参考“算法 4-2 遗传算法的优化步骤”进行变异操作。

5.3 实证研究及结果分析

本节首先采用测试数据对模型及算法的有效性进行验证，然后进一步将模型应用于农资流通企业 HN，讨论关键参数对企业分销及库存协同决策的影响。

设置算例参数：$\mu_i = U[20, 50]$ 吨，$\sigma_i = 1.44$，$\mu_j = U[1, 3]$ 吨，$\sigma_j = 0.28$，$p_i = 2$ 元/吨，$s_0 = 10$ 元/吨，$s_i = U[10, 50]$ 元/吨，$cg_i = 50$ 元/吨，$cr_i = 30$ 元/吨，$cu_{ij} = U[8, 12]$ 元/吨，$h_0 = 5$ 元/吨，$h_i = 2$ 元/吨，$wp_0 = 2000$ 吨，$wp_i = 50$ 吨，$\gamma_i = 0.2$，$L = 5$，$l_{ij} = U[1, 3]$，$UL_j = 1$，$UU_j = 3$。

设置算法参数：$\mathrm{NP} = 300$，$P_c = 0.7$，$P_m = 0.3$，$\mathrm{NG} = 2000$，$\gamma = 0.1$

生成六个测试算例，零售商及订单客户需求点个数分别为：1 号（5，10）、2 号（5，20）、3 号（10，30）、4 号（10，50）、5 号（20，50）、6 号（20，80）。

对于模型 P_1 带容量约束的双目标非线性整数规划模型，其可分解为成本最小化子模型 P_{11} 和时间满意最大化子模型 P_{12}。模型分别表示为：

$$(P_{11}) \quad \min TC$$

s. t. 式（5-9），式（5-12）~式（5-13），式（5-15）

$$(P_{12}) \quad \max TS$$

s. t. 式（5-10）~式（5-13），式（5-15）

5.3.1 模型有效性分析

本节实验的目的在于，通过比较单目标与双目标模型的性能来分析模型的有效性。

为对比算法中领导者不同偏好下，成本与满意度所占权重差异对优化结果的影响，本算例结合 HN 农资公司的实际情况，在征询企业领导者偏好的前提下分别选择 $l_1 = 0.3$，$l_2 = 0.7$ 和 $l_1 = 0.5$，$l_2 = 0.5$ 的权重组合对方案结果进行了对比。

对上述两模型分别采用基于精英重组的改进遗传算法求解，具体求解结果见表 5-2 和表 5-3。

表 5-2 单目标模型与双目标模型测试结果比较

测试算例	成本单目标策略		满意度单目标策略		成本—满意度双目标策略	
	min *TC*	*TS*	*TC*	max *TS*	min *TC*	max *TS*
1号（5，10）	9447.08	4.60	127179.80	10.00	13426.20	10.00
2号（5，20）	11548.41	10.77	24208.69	20.00	12436.61	19.95
3号（10，30）	21010.63	16.27	563344.20	29.94	21986.06	29.69
4号（10，50）	24705.78	22.89	34887.38	49.52	25129.38	46.64
5号（20，50）	43251.01	22.26	612484.00	49.55	233901.40	48.83
6号（20，80）	45316.98	41.05	1712665.00	79.26	598927.30	78.81

注：权重 $l_1=0.3$，$l_2=0.7$。

表 5-3 单目标模型与双目标模型测试结果比较

测试算例	成本单目标策略		满意度单目标策略		成本—满意度双目标策略	
	min *TC*	*TS*	*TC*	max *TS*	min *TC*	max *TS*
1号（5，10）	10103.94	4.89	19848.47	10.00	10381.34	10.00
2号（5，20）	9921.19	10.25	35736.93	20.00	9929.83	19.96
3号（10，30）	23257.04	14.70	51079.29	30.00	22538.73	29.46
4号（10，50）	23432.89	26.04	137211.84	50.00	23547.79	49.99
5号（20，50）	35925.72	24.80	1456692.70	50.00	37528.38	49.87
6号（20，80）	37573.27	38.61	1276620.96	79.75	38303.77	77.59

注：权重 $l_1=0.5$，$l_2=0.5$。

从表 5-2 的结果可以看出：（1）若仅考虑总成本最小化目标，前四算例总成本与双目标模型的总成本相差并不大，但双目标模型的满意度却是成本单目标模型满意度的 2 倍左右，后两个算例中随着零售商及订单客户的成倍增长，成本方面发生巨大的差异，呈 5 倍以上的增长速度，但满意度仍是维持两倍左右。说明企业在制定客户满意度的目标时，应根据分销供应链中零售商及订单客户的规模来动态选择，而不能以一个固定的比例来确实。（2）若仅考虑满意度最大化目标，客户满意度虽有 1%左右的增长，但是发生的成本却是 10 倍以上的增长，远远超出企业的最优成本目标，这对于现实企业来说必然是不可行的。（3）从前四算例可以看出，双目标的成本与满意度均接近最优值；后两个算例，满意度虽接近最优值，但成本与最优值相差甚远，究其原因，主要是因为在算法中成本设置的权重过低，而过分关注满意度目标的实现所导致的。

从表5-3的结果可以发现：(1) 双目标模型的成本与满意度均接近最优值。从总体上看，双目标优化模型均优于成本单目标模型和满意度单目标模型，说明模型的优化效果较好，能够兼顾成本与服务双重目标的实现。(2) 通过与表5-2对比发现，通过调整总成本和满意度权重后，成本得到了大幅降低，而满意度几乎没有明显变化；说明对于企业来说，设置一个合理的客户满意度水平相当重要，追求过高的满意度不仅实现难度较大，还会使企业付出高昂成本。因此，确定HN农资公司选取 $l_1 = 0.5$，$l_2 = 0.5$ 较为适宜。

5.3.2 算法参数分析

在进行遗传运算过程中，参数设置不同会导致不同的优化结果。本节将讨论交叉概率和变异概率对结果的影响。当 $P_m=0.1$，$P_c=0.5\sim0.95$，其他算法参数及模型参数不变的情况下，选择算例4号（10，50）进行研究，分别运行10次，所得结果见表5-4。

表5-4 不同交叉概率的运行结果

序号	$P_c=0.5$		$P_c=0.6$		$P_c=0.7$		$P_c=0.8$	
	min*TC*	max*TS*	min*TC*	max*TS*	min*TC*	max*TS*	min*TC*	max*TS*
1	23254.66	47.29	25162.28	48.03	25513.43	46.41	26577.18	44.74
2	24115.56	47.72	25619.86	47.36	24988.49	48.01	23852.03	47.38
3	24045.56	47.56	25224.95	43.79	23851.03	43.49	23629.89	48.87
4	24679.81	45.75	26549.88	47.00	24577.98	46.62	23703.07	42.99
5	23342.08	44.17	22844.47	47.96	27840.83	47.98	26419.13	44.96
6	22452.54	47.48	26734.91	46.44	24830.75	47.61	23378.51	41.78
7	23668.72	45.19	27732.37	47.08	24685.75	48.72	24271.42	46.54
8	26654.94	48.96	25966.77	47.59	26285.49	46.84	27110.31	47.04
9	27199.69	46.90	24389.74	45.92	24780.72	48.30	25476.45	48.27
10	25075.78	48.66	25782.69	48.09	24224.25	46.25	24201.99	44.17

注：$P_m=0.1$，NP=300，NG=2000。

从表 5-4 中可以发现当 $P_c = 0.7$ 时，其结果较稳定，优于其他参数的运算结果。因此确定模型算法中交叉概率为 $P_c = 0.7$。

同理，确定变异概率。当 $P_c = 0.7$，$P_m = 0.05 \sim 0.5$ 时，分别运行 10 次，所得结果见表 5-5。由表 5-5 中可以得出当 $P_m = 0.3$ 时，其结果较平均，优于其他参数的运算结果。

表 5-5 不同交异概率的运行结果

序号	$P_m = 0.1$		$P_m = 0.2$		$P_m = 0.3$		$P_m = 0.4$	
	min*TC*	max*TS*	min*TC*	max*TS*	min*TC*	max*TS*	min*TC*	max*TS*
1	26584.30	46.37	26504.48	49.04	23162.48	48.67	25631.94	48.03
2	25046.36	46.39	23944.01	47.92	21726.38	47.74	24360.25	49.17
3	26789.79	46.87	24252.18	48.26	25765.97	49.22	25789.74	49.16
4	24479.50	47.99	26126.76	48.07	26301.57	48.49	24222.86	47.94
5	24400.24	43.83	28352.62	48.73	26520.46	47.39	25841.34	47.95
6	25246.05	43.81	24540.42	48.92	24737.81	48.73	24316.85	48.74
7	26030.89	45.31	24599.67	48.11	24692.00	48.17	24346.52	48.69
8	25942.66	48.35	25333.58	48.73	25665.11	49.17	26709.93	46.83
9	26910.19	45.82	26299.00	45.86	23968.13	49.25	24219.77	47.86
10	24185.68	48.01	24419.92	45.22	24815.90	48.90	23851.46	49.08

注：$P_c = 0.7$，NP = 300，NG = 2000。

综上所述，选取 $P_c = 0.7$，$P_m = 0.3$ 作为算法中的参数取值较合理。

5.3.3 模型参数敏感性分析

现将模型及算法应用于 HN 农资公司，其中 $K = 10$，$M = 50$，其他参数参照 5.3.1 节设置。根据计算，当分销中心及 8 个零售商开展订购及配送业务来满足订单客户需求时，企业的整体目标最优，总成本为 23547.79 元，时间满意度为 49.99。下面分别对零售商的订货提前期、单位库存成本、单位缺货损失成本及单位库存成本参数的敏感性进行分析，为农资流通供应链分销与库存协同决策提供依据。

由图 5-3 可以看出，零售商的补货时间 L 变动对总成本和客户满意度的影响较明显。总成本随着补货时间的增加而增加，出现这种状况的主要原因是由于补货时间的延长，各级分销商会通过增加库存量的措施来保障供应，降低缺货发生的比率，因此库存成本增加较明显。而客户满意度随着零售商补货的逐渐增大开始变动并不明显，直到 L 达到较大值时才有明显下降。其主要原因是客户满意度的模型中主要涉及终端客户的配送时间 l_{ij}，并不涉及零售商的补货时间 L 的满意度的衡量，但是当零售商的补货时间超过其可承受的某个时间限度时，必然会引起连锁反应，导致其通过延长终端客户配送时间的措施保障自身利益，因此会引起客户满意度的明显降低。

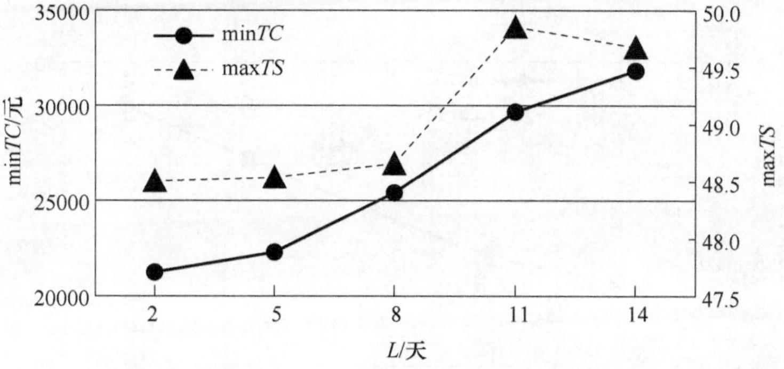

图 5-3　补货时间敏感性分析

从图 5-4 可以发现，总成本 TC 对缺货损失成本的变动并不敏感。其原因是分销商和零售商协同运作，可以根据各节点库存情况合理指派供应能力充足的零售商满足在线客户需求，因此较少发生缺货现象，缺货损失成本较低，使得其对总成本的影响并不大。因模型中客户时间满意度与缺货损失成本并无直接关系，因此不考虑缺货损失成本 S_0 变动对客户时间满意度的影响。

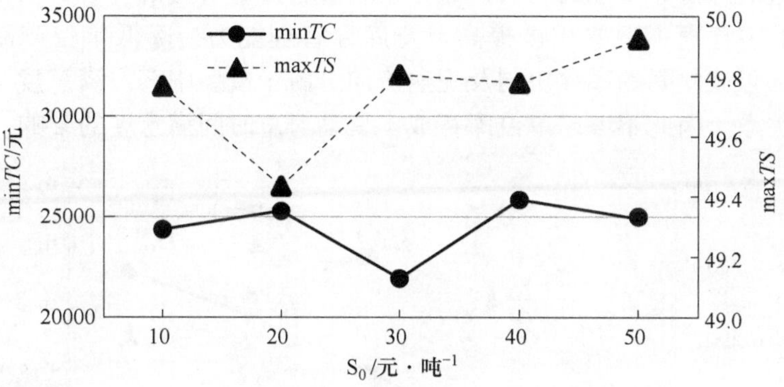

图 5-4　缺货成本敏感性分析

从图 5-5 可以看出，总成本随着单位配送成本的增加呈现明显增长趋势，这正符合现实运行情况。运输及配送成本历来都是农资分销成本的主要构成部分。尤其是近些年来，交通基础设施逐步完善和物流的高速发展，使得库存功能弱化。再加上如农资占用资金大、利润率低的产品而言，越来越多的零售商大幅降低库存量，转而依赖运输及配送中的动态库存来满足客户需求。因此，对于农资流通供应链来说，应该进一步研究如何进行有效的配送协同，进行配送路线优化是其中的重中之重。这正是本书第 6 章所要解决的问题。模型中客户时间满意度与配送成本并无直接关系，因此不考虑单位配送成本 Cu_{ij}变动对总时间满意度的影响。

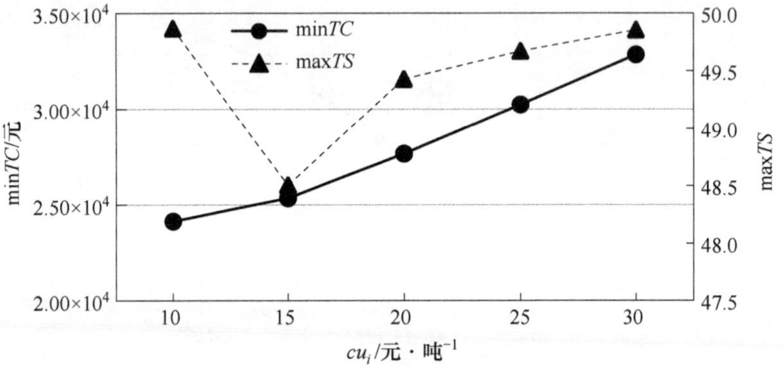

图 5-5　配送成本敏感性分析

从图 5-6 可以看出，总成本对这一指标反应相当敏感，随着单位库存成本的增加，总成本明显迅速增加。因此对于农资流通供应链来说，一方面各级分销商及零售商要协同运作，增强市场需求预测能力，科学决策订购数量，达到降低库存总量，进而降低总成本的目的，这正是本书第 4 章研究的内容；另一方面，各级分销商和零售商不但要积极提高自身库存管理能力，降低单位产品的库存成本，还要加强彼此间的库存协同及配送协同。由于模型中客户满意度与库存成本并无直接关系，因此不考虑单位库存成本变动对总时间满意度的影响。

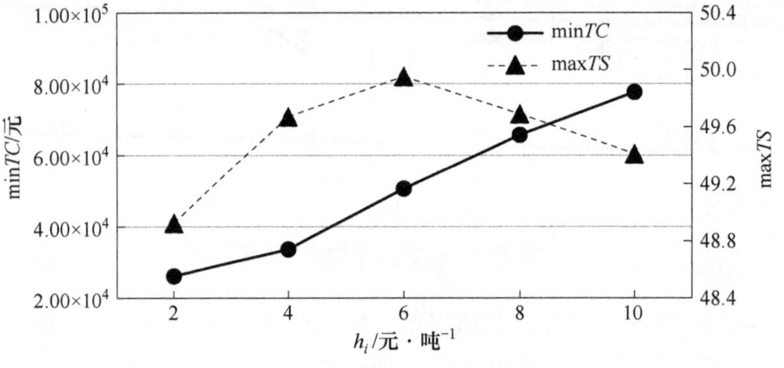

图 5-6　库存成本敏感性分析

5.4 本章小结

本章在供应链协同预测的基础上，构建了分销及库存协同模型。针对当前农资流通供应链分销及库存协同问题进行了研究，应用改进遗传算法进行了模型优化，并通过实证研究进行了结果分析，指出了农资流通供应链协同运作管理的关键环节。具体研究内容如下：

（1）建立了总成本与时间满意度的双目标优化模型。通过进行农资流通供应链的结构分析，主要针对当前最常见的二级分销系统进行了研究。对于农资供应链来说，成本虽是其关键的决策因素，但是对于像农资这种时间性较强的商品来说，配送时间及零售商的补货时间也是其不容忽视的因素。因此，引入总成本和时间满意度双目标模型比较符合当前实际，增大了模型的适用性。另外，综合考虑分销中心及零售商的库存成本、运输及配送成本，引入随机配送时间和随机缺货损失成本，从系统的角度进行综合决策，既增加了模型的动态性，也符合供应链协同的目标。

（2）设计了基于精英保留的双目标改进遗传算法。针对模型的参数特点，采用了混合编码方式，并针对不同部分的基因切点分别采用单点交叉和实数交叉法；在变异操作中引入变异步长与进化代数的函数关系式用来调整变异幅度，增加迭代后期局部搜索能力；同时应用精英保留策略，使父代较好个体予以保留至下一代，改善了双目标模型非劣解的质量。

（3）通过实证分析，表明了双目标模型明显优于单目标模型。通过模型参数的敏感性分析，直观量化了补货时间、单位库存成本和单位运输成本对系统总成本和总满意度的影响程度，为企业决策者科学决策提供参考。主要观点如下：其一，增强各级分销商及零售商的库存协同和配送协同能力，积极缩短补货时间，可降低供应链协同运作成本；其二，增强企业自身管理能力，提高物流运作效率，可降低单位产品的运作成本及物流成本；其三，加强各级分销商及零售商协同预测能力，使用科学预测方法，提高预测精度，既能降低库存数量，也能防止缺货断货的发生。

6 农资流通供应链配送协同方法

配送协同问题的研究主要涉及三方面：配送方式的选择问题、配送车辆的选择及配装配载问题和车辆路线优化问题（VRP，Vehicle Routing Problems）。国内外众多学者对配送路线问题进行了长期深入的研究，在多目标模型的构建和算法设计方面形成了大量优秀成果，这些成果对于指导企业配送实践提供了宝贵的参考价值。

众所周知，化肥、农药等农资产品属于季节性较强的功能性产品，市场需求受季节及降水、温度等气候条件影响较大，农户需求的时间性非常强，需求数量呈现不规则波动。而在农资产品的供应方面，由于其在流通过程中占用资金多，物流成本高，利润率低，对于农资流通企业来说，如何实现薄利多销是其管理的目标之一。基于中国农资供求特点，传统的以“囤货”为盈利模式的农资分销商和零售商受到巨大冲击，其库存功能逐渐弱化，越来越多的企业更加依赖运输及配送能力的提升来应对市场需求的波动。再加上我国农村交通基础设施逐步完善和物流业的高速发展，社会运输及配送能力得到大幅提升，使得农资配送服务的竞争成为农资流通企业竞争的关键。当前，随着我国农资产品标准化的建立和生产企业技术的逐渐成熟，产品同质化的趋势越来越明显。对于多数农资流通企业而言，产品质量趋同，功能差异不大，能够激发广大农户购买欲望的卖点就是服务，尤其是物流服务。配送是物流的缩影，是农资物流服务的重要组成部分。因此，以提高客户满意度为目标的服务化的协同配送已经成为农资流通企业管理的重要内容。

6.1 农资流通供应链配送协同模型

农资需求具有较强的时间性，因此农资配送不仅要关注在数量与品质方面对客户的满足，还要重视客户对配送时间的满意度。农资及时配送变得越来越重要，在制定农资配送车辆路线优先方案时除考虑配送成本外，满足客户对配送时间窗的限制也是不容忽视的。因此，选择带时间窗约束的 VRP 问题进行研究，较接近农资配送协同作业实际情况。

6.1.1 时间窗与惩罚函数的界定

在配送方案选择上，如果客户对配送时间没有提出要求或者货物时间性不强，那么配送企业可以以配送成本最小化为目标灵活选择配送车辆和配送路线。但是，现实社会中随着对时间成本的重视，尤其是对于一些时间价值变化大的货物而言，越来越多的客户对配送时间都有明确的要求，因此 VRP 问题常常转化为 VRPTW（Vehicle Routing Problems with Time Windows）问题。

假设完成任务 i 需要的配送时间为 T_i，配送车辆开始完成任务 i 的时间 t_i，其满足：

$$ET_i \leqslant t_i \leqslant LT_i$$

式中 ET_i——任务 i 允许开始的最早时间；

LT_i——任务 i 允许开始的最晚时间。

若配送车辆开始完成任务 i 的时间早于 ET_i，则车辆由于等待产生机会成本；如果配送车辆开始完成任务 i 的时间晚于 LT_i，则任务 i 由于延迟完成，产生惩罚成本。

另外，VRPTW 问题中的时间窗可分为硬时间窗、软时间窗和混合时间窗。硬时间窗 VRPTW 表示必须在规定的时间范围内完成配送任务，早到或迟到都完全不被接受，一般定义一个较大的惩罚正值，表示配送任务超出时间窗将付出巨大的成本，此时的解为非可行解。而软时间窗 VRPTW 则表示可以接受配送车辆在要求的时间窗以外完成任务 i，但需要根据违反时间的长短支付一定的惩罚费用。如车辆早于 ET_i 开始任务 i，则车辆由于等待发生了机会成本[158]。若车辆在 LT_i 之后完成任务 i，则服务被延迟，产生惩罚费用。另外，在一个系统中，若有的客户约束是硬时间窗，有的客户是软时间窗，则通常把这个系统约束定义为混合时间窗。

通过大量的实践证明，允许对某些客户服务延误的情况较接近现实，同时可为企业节约大量配送成本。因此，本节根据农资配送的实际情况和不确定因素的影响，主要研究软时间窗配送路线优化（VRPSTW，Vehicle Routing Problems with Soft Time Windows）问题，使其具有更好的通用性。为恰当地表达配送服务违反时间窗所造成的成本，这里将应用惩罚函数表示。在实际应用中，惩罚成本曲线各具形态，有的呈指数增长，有的呈曲线增长。本书假设惩罚成本呈线性增长，成本函数表示为：

$$C_i(t_i)=\begin{cases}c_1(ET_i-t_i) & t_i<ET_i\\0 & ET_i\leqslant t_i\leqslant LT_i\\c_2(t_i-LT_i) & t_i>LT_i\end{cases}$$

式中 $C_i(t_i)$——客户 i 的惩罚成本；

t_i——配送车辆到达的时刻；

c_1——因早于客户允许的最早时间而等待的机会成本；

c_2——超出客户允许的最晚时间受到的罚值。

则 n 个客户所发生的总惩罚成本 $C(t_i)$ 为：

$$C(t_i) = c_1 \sum_{i=1}^{n} \max[(ET_i - t_i), 0] + c_2 \sum_{i=1}^{n} \max[(t_i - LT_i), 0] \tag{6-1}$$

6.1.2 基于模糊预约时间的客户满意度

如上所述，配送服务实施若在客户的时间窗约束之外提供，必将造成一定的损失（机会成本和惩罚费用）。因此，企业要想实现配送成本降低的目标，必须关注客户的时间窗，以提供恰当的服务时间，以客户满意为出发点来进行决策。

为了准确地反映客户的满意度水平，实时掌握客户需求的变化，需要对客户的满意程度进行评价与管理。通常用于客户满意度评价的指标有客户订购满足率指标、客户价格期望满意度指标和客户服务时间满意度指标。

根据本研究的特点和需要，本节主要从客户服务时间满意度方面研究配送协同问题。对于当前竞争激烈的农资市场供应，广大终端农民客户的选择机会越来越多，他们不只是关注价格，更关注送货的及时性。由于农作物种植的时间性强且受气候的影响较大，广大农民总是在较短的种植时间窗内对农资供应提出迫切要求。因此农资供应企业的销售机会稍纵即逝，对其配送服务的及时性和可靠性提出了越来越高的要求。为更好地体现现实农资市场的供求关系，本节采用时间窗约束来研究农资的协同配送问题。

如图 6-1 所示，服务在最早的开始时间 ET_i 与最晚开始时间 LT_i 的范围内时客户完全满意，而在此时间窗之外的配送服务客户满意度为零。但是，现实中，客户对在时间窗内提供的服务，满意度并不是一样的，而是在此范围内仅对较短的某一段服务时间是完全满意的，而对其余时间提供的服务往往满意度会随着与完全满意服务时间的接近程度的降低而下降。如图 6-2 所示，客户 i 的时间窗仍为［ET_i，LT_i］，其完全满意的时间窗为［ET_i^*，LT_i^*］，在时间窗［ET_i，ET_i^*］客户的满意度是逐渐上升的，在时间窗［LT_i^*，LT_i］客户的满意度是逐渐下降的。

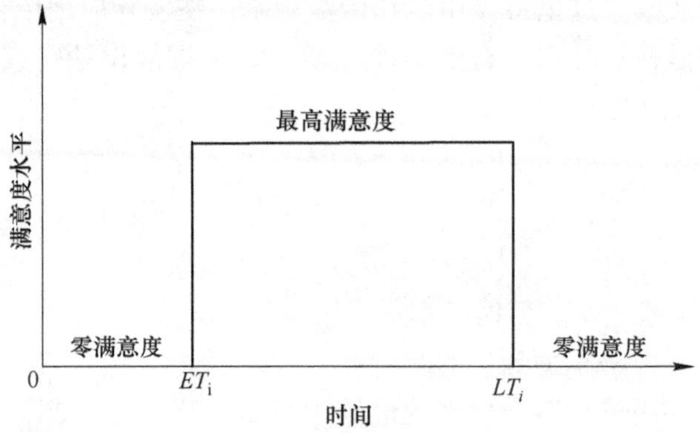

图 6-1 客户时间窗

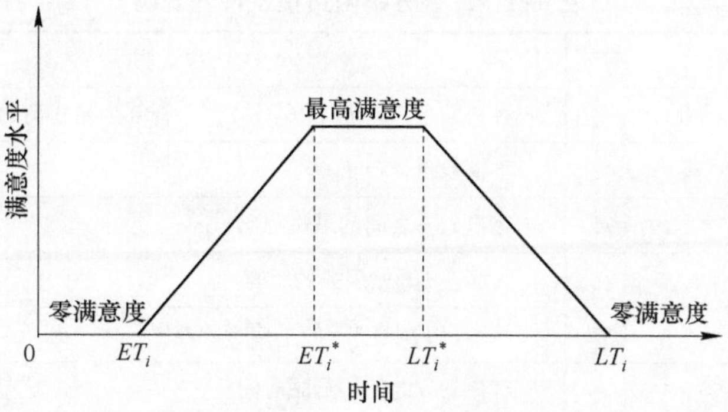

图 6-2 客户时间窗-满意度曲线

综上所述，客户满意度可通过客户模糊预约时间函数 $f_i(t_i)$ [158] 表示客户 i 对服务时间 t_i 的满意度，表达式如下：

$$f_i(t_i)=\begin{cases}0 & t_i < ET_i \\ \alpha\times(t_i-ET_i)/(ET_i^*-ET_i)+(1-\alpha) & ET_i < t_i < ET_i^* \\ & ET_i^* \leqslant t_i \leqslant LT_i^*, \\ 1 & t_i = ET_i = ET_i^*, \\ & t_i = LT_i = LT_i^* \\ \alpha\times(LT_i-t_i)/(LT_i-LT_i^*)+(1-\alpha) & LT_i^* < t_i < LT_i \\ 0 & t_i > LT_i \end{cases} \tag{6-2}$$

式中 t_i——开始为客户服务的时刻；

$[ET_i, LT_i]$——客户 i 的时间窗；

$[ET_i^*, LT_i^*]$——完全满意的时间窗；

α——客户对时间窗与完全满意时间窗的敏感系数。

6.1.3 VRPSTW 模型的构建

如上节所述，零售商及分销商开展订购业务后，为追求较低的配送成本和较高的客户满意度，必须根据各客户的需求时间和需求数量准确及时地完成货物的配送工作。由于广大农村市场客户居住较为分散，而且单个客户货物需求量较少，因此需要综合考虑配送车辆及配送路线的选择，尽可能在不同客户时间窗内完成配送任务。本节以满意度函数 $f_i(t_i)$ 为约束条件，以配送车辆有效配送费用 FC 和惩罚成本 $C(t_i)$ 构成的配送总成本 DC 作为目标函数，建立 VRPSTW 模型。模型中各参数的符号表述及含义见表 6-1。

表 6-1 二级分销网络模型符号说明

系统参数	说 明
i, j	客户编号，i, j=1, …, 1, i, j=0 为零售商的配送点
k	车辆数量，k=1, …, m
d_{ij}	客户 i, j 之间的最短距离
t_i	为客户 i 开始服务的时间
v_{ij}	从客户 i 到客户 j 的平均行驶速度
T_{ij}	客户 i, j 之间的行驶时间
C_{ij}	从客户 i 到客户 j 的每辆车每千米配送成本
q_i	客户 i 的配送数量
Q	配送车辆 k 的装载能力
$[ET_i, LT_i]$	客户 i 的时间窗
$[ET_i^*, LT_i^*]$	客户 i 完全满意的时间窗
ST_i	完成客户 i 任务的服务时间
β	客户期望满意度

建立 VRPSTW 模型如下：

$$\min DC = FC + C(t_i) = \sum_{i=0}^{n}\sum_{j=0}^{n}\sum_{k=1}^{m}(C_{ij}d_{ij}\cdot x_{ijk}) + C(t_i) \tag{6-3}$$

$$\text{s.t.}\ \frac{\sum_{i=1}^{n}f_i(t_i)}{n} \geqslant \beta \tag{6-4}$$

$$\sum_{k=1}^{m}\sum_{j=1}^{n}x_{ijk} \leqslant m \qquad (i=0) \tag{6-5}$$

$$\sum_{j=1}^{m}x_{ijk} = \sum_{j=1}^{m}x_{jik} \leqslant 1 \qquad (i=0;\ k=1,\ \cdots,\ m) \tag{6-6}$$

$$\sum_{k=1}^{m}\sum_{j=0}^{n}x_{ijk} = 1 \qquad (i=1,\ \cdots,\ n;\ i\neq j) \tag{6-7}$$

$$\sum_{k=1}^{m}\sum_{i=0}^{n}x_{ijk} = 1 \qquad (j=1,\ \cdots,\ n;\ i\neq j) \tag{6-8}$$

$$\sum_{i=1}^{n}q_i\sum_{j=1}^{n}x_{ijk} \leqslant Q \qquad (k=1,\ \cdots,\ m;\ i\neq j) \tag{6-9}$$

$$t_i + ST_i + T_{ij} \leqslant t_j \qquad (i,\ j=1\cdots n;\ i\neq j) \tag{6-10}$$

$$x_{ijk} = \begin{cases}1 & \text{若车辆 } k \text{ 从客户 } i \text{ 到客户 } j\\ 0 & \text{否则}\end{cases} \tag{6-11}$$

$$T_{ij} = \frac{d_{ij}}{v_{ij}} \quad (i,\ j = 1,\ \cdots,\ n;\ t \neq 1) \tag{6-12}$$

$$T_{0i} = \frac{d_{0i}}{v_{0i}} \quad (i = 1,\ \cdots,\ n) \tag{6-13}$$

$$C(t_i) = c_1 \sum_{i=1}^{n} \max[\,(ET_i - t_i),\ 0\,] + c_2 \sum_{i=1}^{n} \max[\,(t_i - LT_i),\ 0\,]$$

$$f_i(t_i) = \begin{cases} 0 & t_i < ET_i \\ \alpha \times (t_i - ET_i)/(ET_i^* - ET_i) + (1-\alpha) & ET_i < t_i < ET_i^* \\ 1 & ET_i^* \leqslant t_i \leqslant LT_i^*,\ t_i = ET_i = ET_i^*,\ t_i = LT_i = LT_i^* \\ \alpha \times (LT_i - t_i)/(LT_i - LT_i^*) + (1-\alpha) & LT_i^* < t_i < LT_i \\ 0 & t_i > LT_i \end{cases}$$

其中，目标函数式（6-3）表示配送总成本（包括配送的有效成本和惩罚成本）最低；约束式（6-4）是客户满意度约束，表示客户总满意度的平均值在90%以上；约束式（6-5）表示最多有 k 辆车从配送站出发；约束式（6-6）表示车辆从配送站出发结束仍回配送站；约束式（6-7）和式（6-8）表示每个客户恰好被一辆车访问一次；约束式（6-9）表示每辆车的实际装载量不能超过其最大载重量；约束式（6-10）表示客户节点的时间窗约束；约束式（6-11）表示 x_{ijk} 取值范围；约束式（6-12）表示车辆从客户 i 到客户 j 的行驶时间；约束式（6-13）表示从配送站出发到客户 i 的行驶时间。约束式（6-1）表示超出时间窗的惩罚成本；式（6-2）表示客户 i 对不同配送开始时间 t_i 的满意度。

6.2 基于模拟退火遗传算法的模型优化

车辆路径问题属于一种特殊的 TSP（Traveling Salesman Problem，旅行商问题）问题。而 TSP 是典型的 NP 完全问题，其复杂性随着问题规模的增大呈指数式增长，到目前还未找到一个多项式时间的有效算法。多年来，随着社会发展的需要，对于此类问题的研究逐步深入，其优化算法也越来越多样和复杂。虽然传统的精确算法和传统启发式算法简单易行，但其只能解决小规模问题或某一类特征相关的问题。因此，独立于问题的现代启发式算法日益得到广泛应用和深入探索。目前，解决 TSP 问题应用较多的算法有遗传算法（GA）、模拟退火算法（SA）、蚁群算法（ACA）和粒子群算法（PSO）等。

TSP 问题的算法研究对于本节研究 VRP 问题提供了很好借鉴，但是 VRP 问题和 TSP 问题也有一定的区别。VRP 问题涉及到的客户群体的数量更大，使用一辆车或一条路径解决不了所有客户的需求，需要若干辆车，形成若干运输路线才能解决的优化问题。相对而言，VRP 问题比 TSP 问题更加复杂，求解也更困难。但是 VRP 问题由于更接近社会的实际情况，对其深入研究更能为企业决策提供重要参考。

由于各种优化算法在不同时期、不同情况下都有其各自的优点，但也有其固有的局限性，所以当前很多学者结合各种算法的优缺点，在基本优化算法的基础上提出了很多相互融合、互为补充的组合算法，如模拟退火遗传算法（SA-GA）、遗传粒子群算法（GA-PSO）和蚁群粒子群算法（ACA-PSO）等[158-167]。结合研究问题的特点和各算法的优点，本节运用 SA-GA 对上述模型进行优化。

6.2.1 VRP 问题的算法分析

模拟退火算法（SA）最早是由 Metropolis 等人借鉴统计热力学物质的退火方法提出来的。1983 年，Kirkpatrick 发现物理中固体的退火过程与一般组合优化问题的相似性，因而便将模拟退火的思想引入组合优化理论。1999 年 P. Tian 等人使用基于最优接受策略的 SA 算法求解车辆路径问题[168]。后来，越来越多学者开始使用多种优化方法的组合算法求解 VRP 问题。R. Bent 和 P. Van Hentelirych 提出了一个使用 SA 优化车辆数，使用大邻域搜索算法优化客户排序相结合的两阶段混合优化算法[169]。R. Tavakkoli-Moghaddam 等人（2006）则将最邻近算法与 SA 算法结合用于多车型 VRP 和需求可分的多车型 VRP 中[170]。

SA 算法具有较强的鲁棒性、全局收敛性及广泛适用性，但其最大的缺点是对于较大规模问题运行时间较长。由于其典型特征除了接受目标函数的改进外，还接受一个衰减极限。当 T 较大时，则接受较大衰减；当 T 逐渐变小时，接受较小衰减；当 T 为 0 时，不再接受衰减。这表明模拟退火算法与局部搜索算法相反，能避开局部极值。因此，为了保证得到较优解，算法常常采取慢降温、多抽样，以及设置较低“终止温度”等方式，如此处理将导致算法运行时间比较长。当问题规模比较小时，一般能够较快速得到最优解，但规模较大时，一般只能得到近似解。

遗传算法作为一种全局优化搜索算法，以其简单通用、鲁棒性强、高效实用著称，因此在各个领域得到了广泛应用，并取得了良好效果。目前，在求解 TSP 及 VRP 方面，由于简单 TSP 问题常常可通过传统启发式算法和禁忌搜索算法、模拟退火算法等得到最优解，而采用遗传算法文献相对较少。对于复杂的限制条件，如存在时间窗的 VRP 问题和带前趋限制的 VRP 等较复杂问题，使用遗传算法较普遍。Van Breedam（1996）将 GA 与模拟退火算法和禁忌搜索算法进行了比较。他认为，由遗传算法、模拟退火和禁忌搜索所求出的最好解的质量相差不多，但遗传算法耗时最多[171]。

为了提高搜索效率，遗传算法常常与一个局部搜索算法相混合，以针对具体问题形成专门算法。局部搜索方法可被看作功能强大的变异算子并入到GA中，并以某种概率作用于子代个体；或者将此混合算法通过GA在搜索空间产生若干起点，进而形成一个多起点的局部搜索算法[172]。鉴于上述分析，本节将把单亲遗传算法与模拟退火算法相结合进行模型优化。

6.2.2 VRP问题的SAGA算法的优化流程

基于模拟退火遗传算法的VRP问题能够实现快速的求解，算法收敛性强，不易陷入局部最优。该算法首先随机生成初始种群，然后第一次迭代通过改进的遗传算法搜索全局最优解。从第二代开始引入模拟退火操作，通过设置降温参数，控制遗传算法的全局搜索，如此进行反复迭代，直到算法满足终止条件。具体操作流程如图6-3所示，求解见算法6-2。

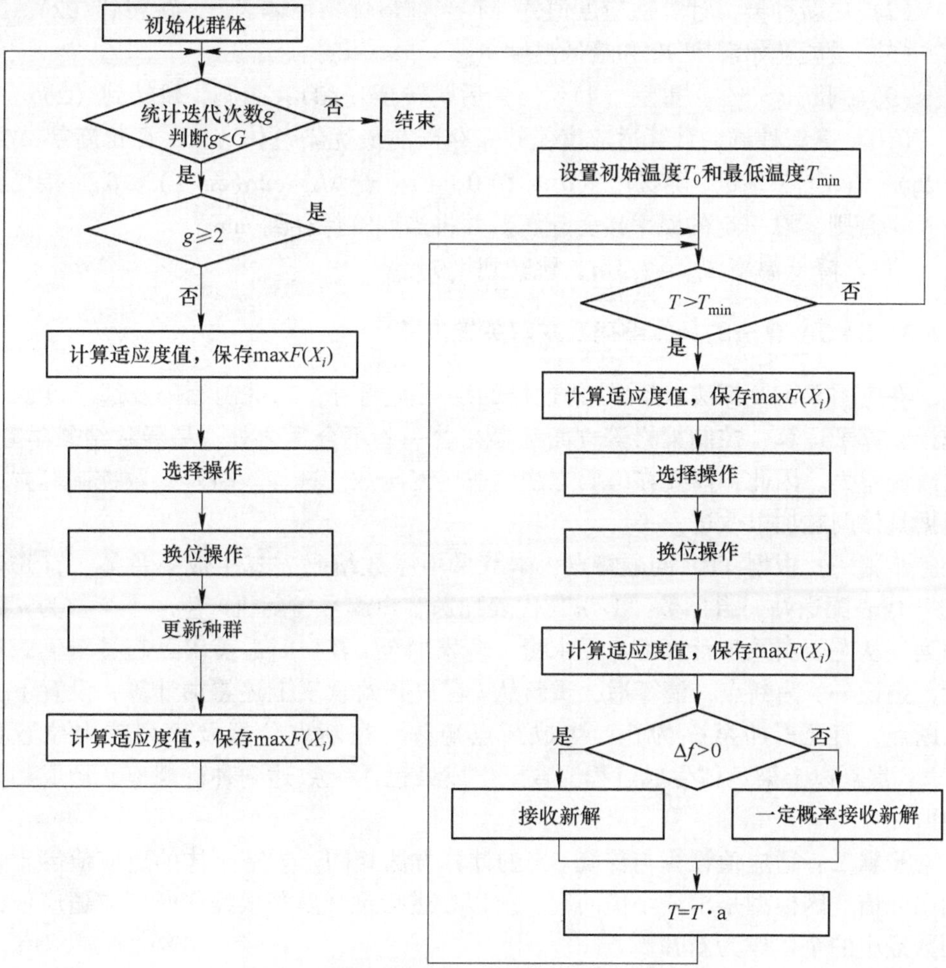

图6-3 模拟退火遗传算法求解VRP问题流程

算法 6-2 VRP 问题的 SAGA 求解算法如下：

(1) 设置初始种群规模 NP，生成初始种群，具体方法参考 6.2.3 节中的步骤一。

(2) 判断是否满足终止条件 $g \geqslant G$，若满足，则保存最优解，结束程序；否则跳转到 (3)。

(3) 判断是否进行模拟退火操作，若 $g \geqslant 2$ 则跳转到 (9)；否则，跳转到 (4)。

(4) 计算适应度值 $F(X_i)$，保存当前最优染色体 X_{max}，具体方法参考 6.2.3 节中的步骤二。$F(X_i) < F(X_{i-1})$ 则跳转到 (5)；否则，跳转到 (8)。

(5) 选择操作，具体方法参考 6.2.3 节中的步骤三。

(6) 换位操作，具体方法参考 6.2.3 节中的步骤四。

(7) 更新种群，计算适应度值并保存当前最优染色体 X_{max}，跳转到 (2)。

(8) 设置初始温度 T_0 和最低温度 T_{min}。

(9) 判断 $T>T_{min}$，重复 (4)~(6) 后跳转至 (10)；否则，跳转到 (2)。

(10) 更新种群，计算适应度值并保存当前最优染色体 X_{max}，评价新解 $\Delta f = F(X_i) - F(X_{i-1}) > 0$，随机产生 $\delta_i \in U(0, 1)$。若 $\Delta h = \exp(\Delta t/T) \leqslant \delta_i$，接受新解 X_i；否则，以一定的概率接受新解，并将当期解保存到 min。

(11) 降低温度 $T_{i+1} = T_i \cdot a$，跳转到 (9)。

6.2.3 SAGA 算法的具体编码及求解关键步骤

在应用 SAGA 算法求解 VRP 这样的序列问题时，二进制编码及适应度函数选择、算子运算、控制策略等方面都存在着一些不合适之处，易导致结果早熟，收敛误差大。因此，需要在编码方法、适应度函数、选择策略及参数控制等方面根据具体问题加以改进。

步骤一：根据 VRP 问题特点，本节采用序数编码方式生成染色体，首先以“0”代表配送站，自然数“1~n”代表配送客户编号，随机产生一个个数为 n 的序列，从左至右累加计算客户需求量，若累加至 i 客户时总需求量超过车辆载重量，则设 i-1 为断点；清零后，重新从 i 客户开始重复上述累加计算，设置下一个断点，直至累加至 n 为止；生成断点矩阵，在断点位置及序列首末位置加“0”；重复以上染色体生成过程，直至生成染色体个数达到种群规模，形成初始种群。

步骤二：适应值计算与传统 GA 的计算方法相同。本节个体的适应值等于目标函数值。因模型是求最小值问题，所以在进行最优解替换操作时则取适应值的倒数最小的个体作为新解。

步骤三：选择操作采用轮盘赌法来实现，根据个体适应值占群体所有个体适应值总和的比例，确定个体选择比率 $P_i = F_i / \sum_{i=1}^{NP} F_i$，采用轮盘赌法生成随机数 $\xi_k \in U(0,\ 1)$，当 $PP_{i-1} \leqslant \xi_k \leqslant PP_i$（其中 $PP_i = \sum_{j=1}^{i} = PP_j$）时，则选择个体 i。

步骤四：为克服传统序号编码在遗传算法交叉变异操作后容易出现非法编码的问题，本节采用单亲遗传算法，在一条染色体上通过多点换位完成交叉变异操作。具体做法为：预先设定换位概率 P_e，为保证算法开始之初的全局搜索能力，本节设定的换位概率是根据迭代次数而定，当迭代次数 $g<G/3$ 时换位概率为 0.8；$G/3 \leqslant g < 2G/3$ 时，换位概率为 $1-g/G$；当迭代次数 $g > 2G/3$ 时，换位概率为 0.05。然后设定换位对数 u，随机选取染色体的 u 位，根据换位概率进行交叉变异操作。

6.3 模型应用及结果分析

本节仍以 HN 农资公司为例，将 VRPSTW 模型应用于其终端三个零售商与 18 个客户实施协同配送问题的研究。通过对比客户满意度约束前后的优化结果，分析协同配送与单独配送的配送效率及调运方案的差异，以验证模型及算法的有效性。

研究参数为：$C_{ij}=5$ 元/（车·千米），$v_{0i}=v_{ij}=60$ 千米/小时，$Q=5$，$k=1$，三个零售商位置的坐标分别为，$[x_{01},\ y_{01}]=[4,\ 11]$，$[x_{02},\ y_{02}]=[7,\ 12]$，$[x_{03},\ y_{03}]=[8,\ 9]$，$\alpha=0.6$，$\beta=70\%$。车辆等待的机会成本为 $c_1=10$ 元/小时，客户延迟惩罚成本 $c_2=5$ 元/小时，最早发车时间 t_0 为清晨 8：00。客户位置、需求量及时间窗见表 6-2。其中，零售商 01 的客户为客户 1、2、5、7、10，零售商 02 的客户为客户 3、9、12、13、14、16，零售商 03 的客户为客户 4、6、8、11、15、17、18。

最短距离：

$$d_{ij} = 1.2\sqrt{(x_j - x_i)^2 + (y_j - y_i)^2}$$

表 6-2 各客户位置、需求量及时间窗

客户 i	1	2	3	4	5	6
坐标 $[x_i,\ y_i]$	[5, 18]	[0, 17]	[8, 10]	[7, 15]	[2, 6]	[10, 4]
配送量 q_i/吨	1.2	1.9	1.5	1.2	0.8	
$[ET_i,\ LT_i]$	[8, 12]	[8, 12]	[8, 15]	[10, 15]	[7, 14]	[10, 16]
$[ET_i^*,\ LT_i^*]$	[9, 11]	[10, 11]	[8, 12]	[10, 11]	[10, 14]	[12, 15]
服务时间/小时	0.3	0.5	0.2	0.4	0.3	0.2

续表 6-2

客户 i	7	8	9	10	11	12
坐标 q_i	[3, 11]	[12, 6]	[13, 11]	[5, 9]	[3, 2]	[15, 16]
配送量 q_i/吨	1.6	1	1.4	0.8	1.3	1.4
$[ET_i, LT_i]$	[7, 12]	[12, 18]	[12, 18]	[8, 12]	[12, 18]	[10, 18]
$[ET_i^*, LT_i^*]$	[8, 9]	[12, 14]	[14, 18]	[8, 9]	[12, 16]	[13, 17]
服务时间/小时	0.3	0.5	0.2	0.2	0.3	0.3
客户 i	13	14	15	16	17	18
坐标 $[x_i, y_i]$	[4, 14]	[11, 15]	[9, 1]	[12, 9]	[6, 3]	[1, 10]
配送量 q_i/吨	1.5	1.3	1.2	0.9	1.1	0.8
$[ET_i, LT_i]$	[8, 12]	[8, 12]	[12, 18]	[12, 17]	[12, 18]	[8, 11]
$[ET_i^*, LT_i^*]$	[8, 11]	[9, 11]	[12, 15]	[12, 16]	[12, 16]	[8, 9]
服务时间/小时	0.4	0.3	0.4	0.3	0.4	0.2

要对三个零售商实施协同配送，需要设立一个协同的配送站，可以以某一个零售店作为集中的库存场地，也可以选用公共仓库。在具体实施时需要综合考虑各备选方案的地理位置、交通情况、库存能力等多方面因素。在本算例中，为研究方便，选取三个零售商中的一个作为协同配送站点。经过对三个零售商的综合评估，选定零售商 02 为集中配送站，共同为三个零售商执行库存管理活动及配送任务。

根据以上参数设置和各客户的具体需求情况，应用算法 6-2 求解步骤，可得到各配送路线的优化结果及最终目标值。如表 6-3、表 6-4 及图 6-7 所示。同时，为了验证模型的有效性和协同配送的效果，本节进行了以下对比分析。

6.3.1 基于客户满意度约束的模型有效性分析

为衡量模型的有效性，将通过考虑满意度约束的模型和不考虑满意度约束的模型结果进行以下对比分析。

6.3.1.1 算法的有效性分析

从图 6-4 和图 6-5 可以看出，考虑客户满意度约束和不考虑客户满意度约束时，最优个体适应值下降速度都很快，从初始时的 800 左右经过 100 次左右的迭代下降到 400 左右，并最终分别收敛于 436.32、427.67，说明算法具有很好的寻优能力和较快的寻优速度，且稳定性较好。

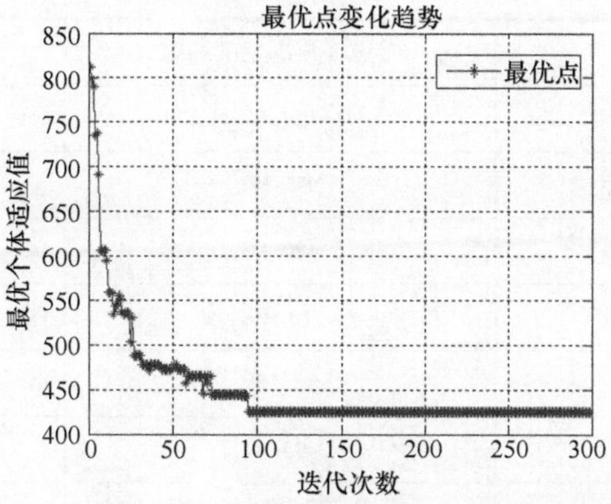

图 6-4 考虑满意度约束的适应值

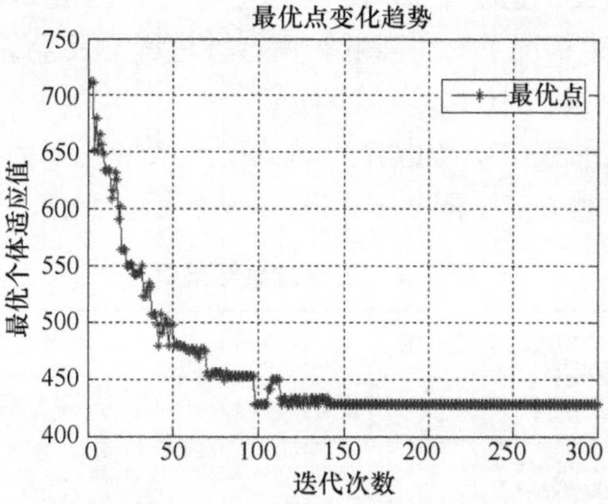

图 6-5 不考虑满意度约束的适应值

6.3.1.2 最终目标值分析

表 6-3 中，考虑客户满意度约束模型中总配送费用为 663.5 元，配送车辆总行驶里程为 129.6 千米，有效配送里程（载重货物行驶的里程）为 84.18 千米，发生的车辆有效配送费用是 420.82 元，稍高于不考虑满意度约束的模型。但考虑客户满意度约束情况下等待及延误成本是不考虑满意度约束的 40%，考虑客户满意度约束模型中客户平均满意度达到 94%以上，远远高于不考虑满意度约束模型的 45.4%。这说明通过支出较少的配送成本，大幅提高客户满意度的做法对于企业来说是非常明智的选择，也说明增加满意度约束的模型在实际配送业务中非常有效。

表 6-3 模型优化结果对比

项 目	考虑客户满意度约束	不考虑客户满意度约束
车辆行驶总里程/千米	129.60	109.80
有效配送里程/千米	84.18	77.56
有效配送费用/元	420.90	387.77
等待及延误成本/元	15.50	39.90
总配送费用/元	663.50	588.90
平均满意度/%	94.4	45.4
总运行时间/小时	8.63	7.78

从总运行时间来看，考虑客户满意度约束时总运行时间比不考虑客户满意度约束时的总运行时间长了近 1 个小时，其主要原因是由于本算例中惩罚成本较低，在考虑客户满意度约束情况下为了降低车辆行驶里程，发生了过长的等待时间。

6.3.1.3 优化方案分析

考虑客户满意度约束与不考虑客户满意度约束情况下的优化路径、开始服务时刻及车辆实载量如表 6-4、图 6-6 和图 6-7 所示。

表 6-4 配送方案结果对比

配送路线	考虑客户满意度约束		不考虑客户满意度约束	
	优化路径	载重量/吨	优化路径	载重量/吨
1	10→18→7→13 8：04 8：21 8：35 8：57	4.7	13→7→18 8：04 8：32 8：52	3.9
2	4→1→2 10：00 10：26 10：53	4.6	14→12→9→16 9：10 10：00 12：00 12：14	5
3	3→16→8→6 11：25 12：00 12：22 12：55	3.5	4→1→2 12：36 13：04 13：28	4.6
4	5→11→17→15 13：17 13：40 14：02 14：30	4.8	10→5→11→17 14：02 14：20 14：42 15：03	4.4
5	14→12→9 15：00 15：22 15：47	4.1	3→8→6→15 15：30 15：49 16：22 16.37	3.8

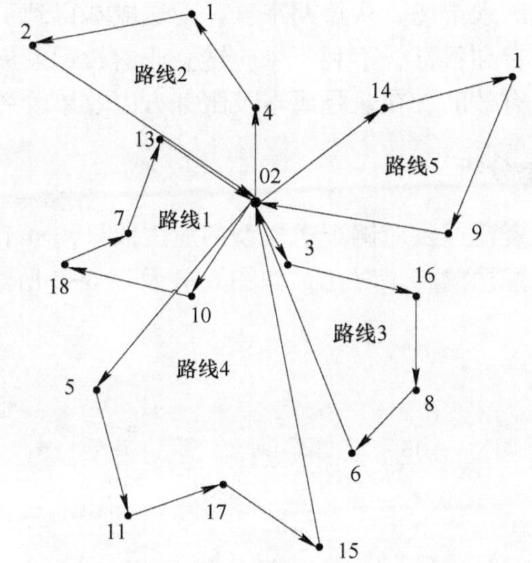

图 6-6 考虑满意度约束的协同配送方案

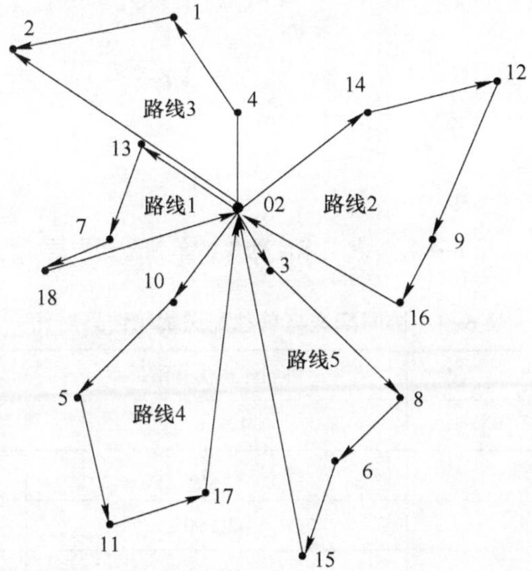

图 6-7 不考虑满意度约束的协同配送方案

综上所述可以看出，考虑客户满意度约束与不考虑客户满意度约束情况下车辆的实载量均达到 70%以上，二者的优化路径有较多相似之处；但对各客户配送的先后顺序有较大差别，虽然车辆行驶里程相差不多，但客户满意度却降低了一半以上。供应链管理的核心思想之一就是以客户为中心，客户满意度越高，才能保证有稳定、持续的需求市场。从短期来看，配送成本得到了一定的降低，但违背了供应链管理的宗旨和目标，不利于供应链企业的长远发展。因此，基于客户满意度约束的模型是有效的，在兼顾成本及服务方面效果较突出。

6.3.2 配送协同效果分析

为进一步证明农资流通供应链配送模型的应用效果，本节进行了三个零售商协同配送和分别单独配送的结果对比，如图 6-8 及表 6-5 所示。

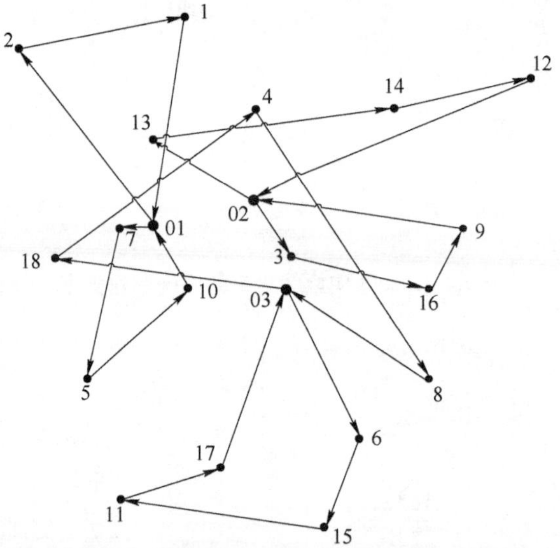

图 6-8　考虑满意度约束的单独配送方式

表 6-5　协同配送与单独配送优化结果对比

项　目	协同配送优化结果	单独配送优化结果
车辆行驶总里程/千米	129. 60	144. 12
有效配送里程/千米	84. 18	101. 60
有效配送费用/元	420. 90	508. 00
等待及延误成本/元	15. 50	13. 90
总配送费用/元	663. 50	734. 50
平均满意度/%	94. 4	96. 4
配送车辆数量	1	3
总运行时间/小时	8. 63	9. 04

从图6-8可以发现，三个零售商配送路线交叉明显，错综复杂，存在着不经济、不合理现象。而协同配送方式中，几乎不存在路线交叉情况。同时，考虑客户满意度约束的协同配送方式车辆实载量均达到70%以上，甚至多数情况达到90%以上；而考虑客户满意度约束的单独配送方式车辆的实载量都较低，多数都处于60%左右。

从表6-5看出，考虑客户满意度约束的单独配送方式中总配送费用为734.50元，明显高于考虑满意度约束的协同配送方式。其主要原因是单独配送方式等待及延误成本虽较低，但配送车辆总行驶里程较长，为144.12千米。另外，协同配送方式等待及延误成本虽略高于单独配送方式，但所使用的配送车辆数目仅为后者的三分之一，若再考虑车辆的折旧费、维修保养费用及因闲置而发生的机会成本等，协同配送的效果会更加明显。

综上所述，考虑客户满意度约束的模型虽然总配送费用略高于不考虑满意度约束的模型，但其客户满意度远远高于后者。同时，农资供应链协同配送无论从成本、效益和时间上都明显优于单独配送方式。因此，加强零售商之间的合作，走配送协同之路，是提高供应链运行效率的有效途径。

6.4 本章小结

本章在供应链协同分销与库存分析的基础上，针对当前农资流通供应链末端订单客户的配送协同问题进行了研究，构建了配送协同模型。应用模拟退火遗传算法进行了模型优化，并通过实证研究，对比了考虑客户满意度约束与不考虑客户满意度约束情况下配送路线的优化结果，指出了农资流通供应链末端协同配送应重视的关键问题。具体研究内容如下：

（1）建立了基于时间窗的协同配送成本目标优化模型。根据农资需求的时间性强的特点，在进行目标函数设置时，不但考虑了车辆行驶路程的成本，还考虑了到达客户时刻处于客户时间窗之外的机会成本和惩罚成本。另外，为了体现客户对时间窗之内不同服务时刻的满意程度，在分析了时间窗与客户满意度关系的基础上，确定了客户模糊预约时间函数，用于表示客户对不同配送时间的满意程度，并以此作为约束条件。因此，通过引入模糊预约时间函数，建立基于总配送成本的目标模型比较符合当前实际，不但有利于配送企业降低成本，实现协同配送的目标，还有利于实现农资供应链抓住市场销售时机，提高客户满意度和客户忠诚度。

（2）设计了模拟退火遗传算法。针对模型的参数特点，采用序数编码方式，并应用单亲遗传算子实现了基因的交叉变异操作。在算法执行过程中，第一次迭代主要进行遗传操作，从第二次迭代开始引入模拟退火操作，通过设置降温参数，控制遗传算法的全局搜索能力和时间，以实现快速的求解，增强算法收敛性，防止陷入局部最优。

（3）通过实证分析，进行了客户满意度约束前后的结果相比，分析了协同配送与单独配送的配送效率及配送方案的差异。结果表明，考虑客户满意度约束的协同配送模型明显优于不考虑满意度约束的模型；考虑客户满意度约束的协同配送方式好于单独配送方式。从总体来说，考虑客户满意度约束的模型虽然总配送费用、配送车辆总行驶里程及发生的车辆配送费用略高于不考虑满意度约束的模型，但其客户满意度远远高于后者，说明企业以较少的费用增加换取满意度的大幅提升是值得的，这正符合当前供应链运作的目标。同时，农资供应链协同配送无论从成本、效益和时间上都明显优于单独配送方式。因此，加强零售商之间的合作，走配送协同之路，是当前供应链末端亟待解决的问题之一，也是未来农资供应链及零售商的必然选择。

7 农资流通供应链协同绩效评价

近年来，我国农资行业得到了高速发展，新型肥料不但涌现，品种急剧增加，多数产品供过于求，导致农资市场竞争日益激烈。农资生产、流通企业面临巨大的市场销售压力和风险，为了增强竞争力和提高抵抗风险的能力，农资流通企业与农资生产企业之间的关系亟待变革。企业之间协同性问题日益突出，如信息缺乏有效共享导致"牛鞭效应"、合作性差导致农资流通供应链反应迟缓、物流成本高导致农资产品竞争力不强等问题普遍存在。因此，农资供应链的协同问题越来越受到广泛关注，尤其是科学评价供应链上下游企业间的协同绩效，找出协同的薄弱环节，对于降低农资供应链的成本，提高供应链的反应能力具有重要意义。

7.1 战略层供应链协同绩效评价方法分析

当前，对于供应链协同战略层的研究主要集中在协同影响因素的研究、协同机制的研究及协同绩效评价等方面。根据研究内容的不同，所使用的研究方法也很多，如应用结构方程、因子分析、主成分分析研究供应链协同的影响因素，应用模糊综合评价法、多重回归分析等方法研究协同机制问题，应用平衡计分卡法、层次分析法、聚类分析法等方法研究协同绩效评价问题。本节将在供应链协同影响因素的研究基础上，将模糊综合评价法与层次分析法相结合来分析农资供应商协同绩效问题。

7.1.1 模糊综合评价法

模糊综合评价法是一种以模糊数学为基础，应用模糊关系合成原理，把一些具有模糊边界、不易定量的因素通过隶属度理论把定性评价转化为定量评价的一种综合评价方法。其评价步骤为：

第一步，确定评价对象的因素论域：

设 $u=\{u_1, u_2, \cdots, u_p\}$，该对象包括 p 个评价指标。

第二步，确定评价等级：

设 $v=\{v_1, v_2, \cdots, v_m\}$，包含 m 个等级集合，是评价者对被评价对象可能做出的各种总的评价结果组成的集合。每一个等级可对应一个模糊子集。

第三步，构造模糊关系矩阵。作单因素评判，对被评事物从每个因素 u_i（$i=1, 2, \cdots, p$）上进行量化，这样 p 个因素的评价集构成模糊关系矩阵：

$$\boldsymbol{R}=\begin{bmatrix} R \mid u_1 \\ R \mid u_2 \\ \vdots \\ R \mid u_p \end{bmatrix}\begin{bmatrix} r_{11} & r_{12} & \cdots & r_{1m} \\ r_{21} & r_{22} & \cdots & r_{2m} \\ \vdots & \vdots & & \vdots \\ r_{p1} & r_{p2} & \cdots & r_{pm} \end{bmatrix}_{p\times m} \tag{7-1}$$

矩阵 R 中第 i 行第 j 列元素 r_{ij}，表示从因素 u_i 来看，该评价对象对 v_j 等级模糊子集的隶属度。这种评价方法与其他只用一个指标来刻画某些因素的方法有所不同，更符合现实中人们判断的模糊性。

第四步，确定评价因素的权向量。由于各因素在综合评价中的重要性可能不用，因此在模糊综合评价中，还应进一步确定评价因素的权重，即 $\boldsymbol{A}=(a_1, a_2, \cdots, a_p)$。权向 $\boldsymbol{A}$ 量中的元素 a_1 本质上是因素 u_i 对模糊算子的隶属度。权重选择的合适与否直接关系到模型的成败，确定权重的方法有层次分析法、Delphi法、加权平均法和专家评估法，从而确定权系数，并且在合成之前进行归一化处理。即：

$$\sum_{i=1}^{p}=a_i=1 \quad (a_i \geqslant 0,\ i=1,\ 2,\ \cdots,\ n)$$

第五步，进行模糊合成，得到评价结果。将模糊权向量 $\boldsymbol{A}$ 与各被评事物的模糊关系矩阵进行合成，得到模糊综合评价结果向量 $\boldsymbol{B}$。即：

$$\boldsymbol{B}=\boldsymbol{A}\cdot\boldsymbol{R}=(a_1,\ a_2,\ \cdots,\ a_p)\begin{bmatrix} r_{11} & r_{12} & \cdots & r_{1m} \\ r_{21} & r_{22} & \cdots & r_{2m} \\ \vdots & \vdots & & \vdots \\ r_{p1} & r_{p2} & \cdots & r_{pm} \end{bmatrix}=b_1,\ b_2,\ \cdots \tag{7-2}$$

其中 b_j 是由 $\boldsymbol{A}$ 与 $\boldsymbol{R}$ 的第 j 列运算得到的，它表示被评事物从整体上看对 v_j 等级模糊子集的隶属程度。常用的模糊合成算子有以下两种：

$M(\vee,\ \wedge)$ 算子：

$$S_k=V_{j=1}^{m}(\mu_j \wedge r_{jk})=\underset{1\leqslant j\leqslant m}{\max}\{\min(\mu_j,\ r_{jk})\} \quad (k=1,\ 2,\ \cdots) \tag{7-3}$$

$M(\cdot,\ \vee)$ 算子：

$$S_k=V_{j=1}^{m}(\mu_j \cdot r_{jk})=\underset{1\leqslant j\leqslant m}{\max}\{\mu_j,\ r_{jk}\} \quad (k=1,\ 2,\ \cdots) \tag{7-4}$$

第六步，评价结果综合分析。模糊综合评价的结果是对评价对象综合状况分等级的程度描述，因此还需要进行一定的分析处理，即计算每个评价对象的综合分值。在实际处理中，最常用的方法是应用加权平均法求隶属度等级，从而依等级排序进行分析决策。

当前，模糊综合评价法多用于模糊环境下对受多种因素影响的事物做综合决策的领域。模糊综合评价法常常和AHP、DEA、GRA以及BP神经网络算法等一起使用[173]，常常用于对企业融资效率、创新能力、经济效益、绩效评价、选址等问题进行研究[174-1176]。

7.1.2 层次分析法

层次分析法是Saaty等人提出的定性与定量分析相结合的方法。该方法的具体分析步骤如下：

第一步，确定目标和评价因素，建立层次结构模型。根据实际问题中各因素的相互关系，将各个因素按照一定属性自上而下地分解成若干层次，并列关系的因素处于同一个层次。一般最上层为目标层，最下层通常为方案层或对象层，上层和下层之间为准则层或指标层，可以有一个或多个层次。为研究方便，如果准则过多应进一步分解出子准则层。

p 个评价指标，$u=\{u_1, u_2, \cdots, u_p\}$。

第二步，构造判断矩阵。由相关专家对各层因素两两比较，应用1~9尺度进行成对比较打分，从而得到判断矩阵 $\boldsymbol{S}=(u_{ij})_{p\times p}$。

第三步，作一致性检验。根据对每一成对比较矩阵计算出的最大特征根，一致性检验通过后，则特征向量为权向量。

第四步，计算组合权向量并排序。层次分析法经过多年的发展，衍生出改进层次分析法、模糊层次分析法和灰色层次分析法等多种方法。本研究主要采用模糊层次分析法对农资供应链协同绩效进行评价。

7.2 农资供应链协同绩效评价模型的构建及应用

在复杂的农资供应链上，由于各节点企业都是独立运作的经济实体，都有各自的经营目标和价值取向，常会出现个体企业行为和供应链整体目标发生冲突的现象，尤其是农资供需企业间的协同性问题越来越突出，对于整条供应链的协同运作造成诸多负面影响。因此，对于农资供应链来说，应用协同绩效评价指标体系，科学认识与评价供应链的协同性，对提高供应链整体绩效具有重要意义。

7.2.1 农资供应链协同绩效评价指标体系的建立

基于本书第3章的研究结果，供应链伙伴关系、信息共享、利益共赢、资源共享、软硬件设施对供应链协同存在很强的直接影响。因此，本节以此为基础，主要从合作共担能力、信息共享能力、利益共赢能力、资源共享能力等四方面进行评价。如图7-1所示，总目标为 A 层，即农资供应链协同性的绩效值。协同绩效评价指标体系共分两层，四类能力为一级指标，处于 B 层，分别用 B_1、B_2、

B_3、B_4 来表示。本研究所涉及的能力主要从协同的角度来衡量，并未涉及企业的综合实力、规模及财务状况等因素。上述一级指标分别下设二级指标处于 C 层，共 15 个因素，分别用 $C_1 \sim C_{15}$来表示。

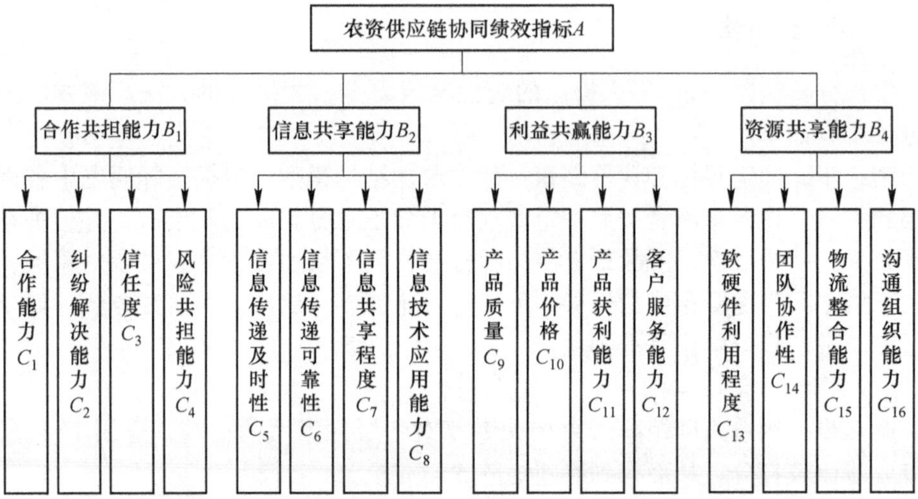

图 7-1　农资供应链协同绩效层次结构模型

图 7-1 中具体各指标体系的含义如下：

（1）合作共担能力 B_1：合作共担能力是协同一致，共担风险地完成某一目标的过程或能力。通常其是以外部关联企业为对象，通过信息技术的应用，实现相互间业务行为协同。合作共享能力由合作能力、纠纷解决能力、信任度、风险共担能力四个关键指标组成。

合作能力 C_1：反映供应链节点企业在业务往来过程中的合作意愿和能力。

纠纷解决能力 C_2：主要体现对于供应链出现的问题或纠纷积极解决的态度和能力。

信任度 C_3：信任是交易双方合作的前提，其直接影响双方在决策、履约、信息共享等方面的协同性。

风险共担能力 C_4：风险共担能力体现了供应链节点企业分担风险，应对不确定性的能力。

（2）信息共享能力 B_2：信息共享能力是指不同终端或客户端通过网络共同管理、分享数据库的数据信息的能力。它是供应链节点企业步调一致、协同运作的基础，可以通过信息共享程度、信息传递准确性、信息传递及时性、信息技术应用能力指标得以反映。

信息传递及时性 C_5：信息传递及时性主要体现信息的时效性。

信息传递准确性 C_6：信息传递准确性指的是信息传递过程中是否正确，没有错误，这将影响供应链上其他企业以此做出决策的正确性。

信息共享程度 C_7：协同供应链中信息的共享程度主要是指信息共享的深度和广度。信息共享程度的高低会影响到供应链上各成员的成本和利润，也会影响到协同效果的好坏。

信息技术应用能力 C_8：信息技术的应用是信息共享的前提，信息技术应用能力的强弱将直接影响信息共享的程度和效率。

（3）利益共赢能力 B_3：农资供应链的利益共赢能力直接影响农资经营企业间的合作倾向性和市场竞争能力，进而决定整条供应链的竞争能力。利益共赢能力可以从产品质量、产品价格、产品获利能力、客户服务能力等指标得到反映[170]。

产品质量 C_9：用产品的合格率来反映供应链所提供的产品质量。

产品价格 C_{10}：农资产品价格既受季节性影响，又受市场供求的影响，价格波动较大，因此取一年中产品的平均售价来反映供应链所提供产品的价格。

产品获利能力 C_{11}：主要用农资供应链的总收益与总成本的差值来反映不同产品的获利能力。

客户服务能力 C_{12}：服务能力主要体现在供应链上的企业是否在售前技术咨询与讲解、测土施肥；售中的供求信息沟通、质量安全保障；售后的配送与施用指导、信息反馈等方面给予必要的协助与支持。

（4）资源共享能力 B_4：供应链节点企业间的资源具有很强的互补性，因此，如何高效地利用这些资源为供应链各成员企业服务，一直都是众多学者重点研究的问题。本研究主要从软硬件利用程度、团队协作性、物流整合能力和沟通组织能力四个方面来衡量供应链的资源共享能力。

软硬件利用程度 C_{13}：良好的软硬件设施是实现供应链协同的基础条件，更直接影响供应链企业间业务运作的效率的高低，尤其是供应链节点企业间的软硬件设施的兼容性、通用性对企业间的协同程度的高低有重要影响。

团队协调性 C_{14}：它反映了供应链节点企业间管理团队对共同业务的协调能力，它的高低将影响到上下游企业业务流程的整合能力。团队协调性越好，企业之间业务流程更顺畅，运作效率更高，越能实现无缝化衔接。

物流整合能力 C_{15}：物流越来越成为供应链管理的关键。物流整合能力是企业利用、管理内外部物流资源的能力的体现，其直接影响交货的时间 C_{16}、价格等指标。

沟通组织能力 C_{16}：供应链的沟通组织能力会直接影响供应链的资源利用程度。良好的沟通组织能力能够为企业间不同层面部门、人员之间的交流提供多种多样的渠道，有助于企业间增进了解，增强信任，减少隔阂，为日常合作创造良好的合作氛围。

7.2.2 农资流通供应链协同绩效评价模型的构建步骤

（1）确定评价对象集 Y=｛农资供应链协同绩效｝。

（2）构造评价因子集 $U=\{u_1, u_2, u_3, u_4\}$，其中，

$$
\begin{aligned}
u_1 &= \{u_{11}, u_{12}, u_{13}, u_{14}\}, \quad u_2 = \{u_{21}, u_{22}, u_{23}, u_{24}\} \\
u_3 &= \{u_{31}, u_{32}, u_{33}, u_{34}\}, \quad u_4 = \{u_{41}, u_{42}, u_{43}, u_{44}\}
\end{aligned} \tag{7-5}
$$

（3）确定评价集，将评价集分为五级：

$$V = \{优、良、一般、较差、差\} = \{5, 4, 3, 2, 1\}$$

各等级对应的评价分值见表 7-1。

表 7-1 评价等级及分值

评价等级	优秀	良好	一般	较差	差
评价分值	>4.5	(3.5, 4.5]	(2.5, 3.5]	(1.5, 2.5]	≤1.5

（4）应用层次分析法确定各级指标的权重。应用 Saaty 等人提出的 1~9 尺度，构造成对比较阵，具体标度值见表 7-2。

表 7~2 1~9 尺度及含义

尺度	1	2	3	4	5	6	7	8	9
$B_i : B_j$	相同		稍强		强		明显强		绝对强

根据对每一成对比较阵计算出的最大特征根，作一致性检验。

一致性比率 CR=CI/RI，其中 $CI = \dfrac{\lambda - n}{n - 1}$ 为一致性指标，RI 值见表 7-3，当 CR<0.1 时，通过一致性检验。

表 7-3 特征值个数与 RI 的值

n	1	2	3	4	5	6	7	8	9
RI 值	0	0	0.58	0.9	1.12	1.24	1.32	1.41	1.45

若通过，则特征向量为权向量，即求得各指标的权重：

$$
\begin{aligned}
W &= \{w_1, w_2, w_3, w_4\} \\
w_1 &= \{w_{11}, w_{12}, w_{13}, w_{14}\}, \quad w_2 = \{w_{21}, w_{22}, w_{23}, w_{24}\}
\end{aligned} \tag{7-6}
$$

（5）构建模糊矩阵：

$$
\boldsymbol{R} = (r_{ij})_{4\times5} = \begin{bmatrix} r_{11} & \cdots & r_{41} \\ \vdots & & \vdots \\ r_{41} & \cdots & r_{45} \end{bmatrix} \tag{7-7}
$$

$$\overline{R}=(\overline{r_{ij}})_{16\times5}=\begin{bmatrix}\bar{r}_{11} & \cdots & \bar{r}_{15}\\ \vdots & & \vdots\\ \bar{r}_{161} & \cdots & \bar{r}_{165}\end{bmatrix} \tag{7-8}$$

(6) 采用加权平均模糊合成算子，计算 $\boldsymbol{Z}=\boldsymbol{W}\cdot\boldsymbol{R}$，$\boldsymbol{Y}=\boldsymbol{V}\cdot\boldsymbol{Z}^T$。

7.2.3 农资流通供应链协同绩效评价的实证分析

本节主要应用上述评价体系对 *HN* 农资公司所在供应链的下游三条支链协同绩效进行研究，如图 5-1 所示。

(1) 采用德尔菲法得到如下判断矩阵：

$$\boldsymbol{U}=\begin{bmatrix}1 & 5 & 3 & 7\\ 1/5 & 1 & 1/3 & 2\\ 1/3 & 3 & 1 & 5\\ 1/7 & 1/2 & 1/5 & 1\end{bmatrix},\ \boldsymbol{U}_1=\begin{bmatrix}1 & 2 & 4 & 5\\ 1/2 & 1 & 2 & 3\\ 1/4 & 1/2 & 1 & 2\\ 1/5 & 1/3 & 1/2 & 1\end{bmatrix},$$

$$\boldsymbol{U}_2=\begin{bmatrix}1 & 5 & 3 & 4\\ 1/5 & 1 & 1/3 & 1/2\\ 1/3 & 3 & 1 & 2\\ 1/4 & 2 & 1/2 & 1\end{bmatrix},\ \boldsymbol{U}_3=\begin{bmatrix}1 & 2 & 3 & 5\\ 1/2 & 1 & 2 & 3\\ 1/3 & 1/2 & 1 & 2\\ 1/5 & 1/3 & 1/2 & 1\end{bmatrix},$$

$$\boldsymbol{U}_4=\begin{bmatrix}1 & 2 & 3 & 4\\ 1/2 & 1 & 2 & 3\\ 1/3 & 1/2 & 1 & 2\\ 1/4 & 1/3 & 1/2 & 1\end{bmatrix}$$

(2) 计算各指标的权重，并进行一致性检验。

求得各指标的权重如下：

$$W=(0.563,\ 0.108,\ 0.267,\ 0.062)$$

$$w_1=(0.506,\ 0.264,\ 0.143,\ 0.087)$$

$$w_2=(0.542,\ 0.085,\ 0.234,\ 0.139)$$

$$w_3=(0.482,\ 0.272,\ 0.158,\ 0.088)$$

$$w_4=(0.466,\ 0.277,\ 0.161,\ 0.096)$$

(3) 建立模糊关系矩阵见表 7-4。

表 7-4　模糊矩阵

一级指标	二级指标	供应链 1					供应链 2					供应链 3				
		优秀	良好	一般	差	较差	优秀	良好	一般	差	较差	优秀	良好	一般	差	较差
B_1	C_1	0.80	0.10	0.10	0.00	0.00	0.60	0.20	0.10	0.10	0.00	0.40	0.20	0.10	0.20	0.10
	C_2	0.70	0.20	0.10	0.00	0.00	0.50	0.30	0.20	0.00	0.00	0.20	0.30	0.40	0.10	0.00
	C_3	0.80	0.10	0.10	0.00	0.00	0.30	0.10	0.30	0.20	0.10	0.10	0.20	0.30	0.20	0.20
	C_4	0.80	0.05	0.10	0.05	0.00	0.35	0.15	0.30	0.10	0.10	0.20	0.20	0.30	0.10	0.20
B_2	C_5	0.80	0.10	0.10	0.00	0.00	0.45	0.20	0.10	0.25	0.00	0.10	0.20	0.40	0.20	0.10
	C_6	0.70	0.20	0.10	0.00	0.00	0.40	0.20	0.10	0.10	0.20	0.20	0.20	0.20	0.10	0.30
	C_7	0.50	0.30	0.10	0.10	0.00	0.50	0.30	0.10	0.10	0.00	0.30	0.10	0.20	0.20	0.20
	C_8	0.50	0.20	0.10	0.10	0.10	0.50	0.20	0.10	0.20	0.00	0.40	0.30	0.10	0.10	0.10
B_3	C_9	0.75	0.10	0.10	0.05	0.00	0.20	0.10	0.20	0.30	0.20	0.30	0.20	0.10	0.10	0.30
	C_{10}	0.70	0.20	0.10	0.00	0.00	0.30	0.10	0.30	0.20	0.10	0.50	0.10	0.20	0.20	0.00
	C_{11}	0.85	0.10	0.05	0.00	0.00	0.20	0.30	0.10	0.20	0.20	0.40	0.20	0.20	0.20	0.00
	C_{12}	0.80	0.10	0.10	0.00	0.00	0.30	0.20	0.10	0.10	0.30	0.60	0.10	0.00	0.10	0.20
B_4	C_{13}	0.50	0.20	0.20	0.10	0.00	0.30	0.10	0.30	0.20	0.10	0.50	0.10	0.30	0.10	0.00
	C_{14}	0.30	0.20	0.20	0.10	0.20	0.40	0.10	0.20	0.10	0.20	0.70	0.10	0.10	0.10	0.00
	C_{15}	0.20	0.30	0.10	0.20	0.20	0.50	0.30	0.10	0.10	0.00	0.60	0.30	0.10	0.00	0.00
	C_{16}	0.50	0.10	0.20	0.10	0.10	0.20	0.20	0.30	0.10	0.20	0.40	0.20	0.20	0.10	0.10

根据公式 $\boldsymbol{Z}=\boldsymbol{W}\cdot\boldsymbol{R}$，求得一级指标隶属度，见表 7-5。

表 7-5　一级指标隶属度

一级指标	供应链 1					供应链 2					供应链 3				
	优秀	良好	一般	差	较差	优秀	良好	一般	差	较差	优秀	良好	一般	差	较差
u_1	0.774	0.122	0.100	0.004	0.000	0.509	0.208	0.172	0.088	0.023	0.287	0.226	0.225	0.165	0.097
u_2	0.680	0.169	0.100	0.037	0.014	0.464	0.223	0.100	0.195	0.017	0.197	0.191	0.295	0.178	0.140
u_3	0.757	0.127	0.092	0.024	0.000	0.236	0.140	0.203	0.239	0.182	0.397	0.164	0.134	0.143	0.162
u_4	0.396	0.207	0.184	0.116	0.097	0.350	0.142	0.240	0.147	0.121	0.562	0.142	0.203	0.084	0.010
U	0.736	0.134	0.103	0.020	0.008	0.421	0.187	0.177	0.144	0.071	0.324	0.200	0.207	0.156	0.114

（4）综合评价。根据公式 $\boldsymbol{Y}=\boldsymbol{V}\cdot\boldsymbol{Z}^{\mathrm{T}}$，求得三条供应链协同绩效分别为 $Y_1=4.57$，$Y_2=3.67$，$Y_3=3.465$，表明供应链 1 协同绩效较优，供应链 2 协同绩效良好，供应链 3 协同性一般。通过进一步地分析可以看出，供应链节点企业更看重合作伙伴合作共担能力，其次是利益共赢能力和信息共享能力。对于供应链 1 来说，虽然在合作共担能力、信息共享能力和利益共赢能力方面表现都很优秀，但

是也存在着短板，其资源共享能力不足。由于这一能力所占比重较小，其对综合绩效的影响并不明显。随着信息化的普及，资源共享能力必将在企业协同运作中发挥越来越大的作用。因此，对于供应链 1 来说将来更应该在此方面加强。而供应链 3 的协同绩效恰恰相反，由于其下游是 HN 农资公司新合作的零售商，双方正处于磨合期，在沟通协调和业务运作方面还不够顺畅，但是其资源共享能力较强，如果未来其合作共担能力能够进一步提高，供应链 3 未来的协同性会更好。供应链 2 虽然总体绩效达到良好，但是由于其合作共担能力较强，在评价指标中所占的权重较大，所以其总体得分掩盖了其在信息共享能力和利益共赢能力表现较差的事实。因此，HN 农资公司在供应链 2 中应该在利益共赢与信息共享方面做出更大努力，以进一步提高供应链的协同绩效。

7.3 提高农资供应链协同绩效的策略

提高农资供应链的协同绩效不但有助于供应链节点降低成本，提高运作效率，还有助于增强供应链整体竞争能力。因此，重视企业之间的协同性，关注整条供应链的协同绩效将是未来各类农资企业难以回避的问题。

7.3.1 加强农资供应链的前向整合

在整个农资供需链条中，每一个处于中间环节的节点企业都存在两个对外的窗口，即买和卖，都需要同客户和供应商建立直接联系。任何一端关系管理的失误，都会给企业，乃至整条供应链造成致命影响。这就迫使众多企业不但要关注后向的客户关系管理，更要加强前向供应商关系管理。前向整合程度会直接影响后向客户关系管理的好坏。作为承上启下的农资流通企业，与上游供应商的合作与协同是整条供应链实现协同的重要环节。

要提高整条供应链协同绩效，首先要重视供应商关系管理，加强与供应商乃至供应商的供应商等一切前向节点的整合，彼此形成合力，共同为提高客户满意程度，增强整条供应链的竞争能力做出不懈努力。其次，重视供应商关系管理，建立资源共享与利益共赢机制是关键。企业之间的合作只有建立在互惠互利、风险共担基础上才能顺利进行，才能向深层次、多领域拓展。另外，还要进一步建立与完善供应商选择、评价体系，不但要重视供应商的企业经营绩效，还应重视对其合作性、协调性等方面的评价。完善的绩效评价体系的应用不但有利于暴露企业之间合作的障碍及问题，起到激励作用，还可以为企业科学决策提供依据。

7.3.2 加强农资供应链节点企业间的信息共享

信息共享是农资供应链实现协调运作的基础，也是影响农资供应链协同的重要因素。农资需求具有强季节性和时效性的特点决定了农资供应链信息流加重，需要上下游企业彼此共享信息，才能对市场需求做出快速准确的反应。加强客户关系管理和销售情报信息管理工作，实现销售和库存信息的共享，不但有利于上游供应商科学制订生产供应计划，及时调整生产节奏，还有利于缩短订货提前期，提高供货可靠性。然而，长期占据主导地位的农资生产企业信息共享的意识较淡薄，其自身虽具有较强的信息处理能力，但是难以快速捕捉终端消费需求动向。而农资供应链下游流通企业虽能较为容易地掌握客户基本信息，了解需求动向，具有现场服务、订单跟踪、服务支持等方面的优势，但是多而散、小而乱的竞争格局导致其信息处理能力有限，难以与上游企业实现信息共享。因此，农资供应链实现信息共享难度较大，首先上下游企业必须打破各自的信息封闭状态，建立信息共享平台，完善信息共享机制，形成畅通的信息交流通道；其次，加强软硬件及信息技术的应用，提高信息处理的自动化水平；同时，实现单据的标准化，增强其兼容性和通用性，减少单据的转换、制定、核查任务，提高信息处理的效率。

7.3.3 加强农资供应链物流协作

农资物流涉及从生产地到消费地的农资储运、配送、包装、信息处理等一系列活动，其发生的物流费用是农资流通费用的主要构成部分。物流运作效率的高低直接决定供应链反应能力的强弱。因此，加强农资供应链上的物流协作与管理，不但能够降低流通成本，还能够增强农资供应链的反应能力。为此，首先应加强农资物流系统的全面管理，以整条农资供应链为管理视角，进行物流资源的整合，科学规划物流设施、设备，提高物流资源利用效率；其次加强与物流企业的长期合作，注重在协调性、及时性、可靠性等方面选取有较好信誉的企业物流，并做好物流企业的监督、评价工作；另外，加强农资流通企业与生产企业通力合作，引进适用的物流设施、设备，加大物流技术的应用力度，共同在整个行业推行托盘包装、网袋包装等集成包装技术，提高货运装载转运的机械化、自动化水平。

7.3.4 加强农资服务体系建设

对于农资产品来说其同质化的趋势越来越明显，所以农资供应链的竞争将更加依赖于服务的竞争，农资供应链上售前、售中和售后服务机制的建立将越来越重要。因此，农资流通企业和生产企业应充分协作，在售前积极利用各种沟通方式和信息传递方式加强农资产品的宣传推广工作，鼓励代理商和零售商推行肥料施用咨询服务；在产品销售过程中，农资生产及流通企业应加强信息共享，及时捕捉市场销售时机，科学引导与指导农民的购买动向，减少跟风等盲目购买行为；同时，采用实物对比、现场讲解等方式加强农民对假冒伪劣产品的识别能力。在售后为农户制定因地制宜的施用方案，做好农资施用技术指导；加强同植保部门、农业部门的合作，做好作物长势监控及突发情况的处理工作；在农闲时节，组织农业技术人员进行农资知识讲座，提高广大农户的种植水平；针对种田大户及农业合作社推出科学合理的用肥、用药方案，在农户中树立典型，起到示范带动作用。

7.4 本章小结

随着我国农资市场的放开，农资流通企业之间的竞争日益激烈，利润不断受到挤压，农资供应链的协同性问题凸显。越来越多的企业开始形成合作性竞争观念，寻求与上下游农资企业的战略合作。因此，以农资供应链的竞争趋势为背景，研究农资供应链及物流协同问题具有重要意义，这也必将成为农资企业关注的一个重要方向。

本章依据协同影响因素的研究结论，从合作共担能力、信息共享能力、利益共赢能力和资源共享能力等四方面建立了供应链协同绩效评价指标体系，并应用层次分析法确定了以上各类指标及其二级指标的权重，采用模糊综合评价法对各评价对象的绩效进行了度量。此方法把层次分析法与模糊综合评价法有机结合，克服了单一评价方法的弊端。通过对 HN 农资公司所在供应链的下游三条支链的绩效评价，提出要实现农资供应链协同应在加强信息共享的基础上，一方面注重供应商关系管理，加强供应链的前向整合；另一方面应以物流协同为核心，加强农资服务体系建设，从而实现农资产供销协同运作。

参 考 文 献

[1] 张翠华，任金玉，于海滨．供应链协同管理的研究进展［J］. 系统工程，2005，23（4）：1-6.

[2] Anderson D，Lee H. Synchronized supply chains：the new Frontier［J］. ASCET，1999（1）. http：//www. Ascet. com.

[3] Mohsen Attaran. Collaborative supply chain management the most promising practice for building efficient and sustainable supply chains［J］. Business Process Management Journal，2007，13（3）：390-404.

[4] Turkay M，Oruc C，Fujita K，et al. Multi-company collaborative supply chain management with economical and environmental considerations［J］. Computers and Chemical Engineering，2004（28）：85-992.

[5] Akkermans H，Bogerd P，Doremalen J. Travail，transparency and trust：a case study of computer-supported collaborative supply chain planning in high-tech electronics［J］. European Journal of Operational research，2004（153）：445-456.

[6] Lin J，Lin T. Object-oriented conceptual modeling for commitment- based collaboration management in virtual enterprises［J］. Information and Software Technology，2004，1（46）：209-217.

[7] Simatupang T M，Sridharan R. A Benchmarking Scheme for Supply Chain Collaboration［J］. Benchmarking，2004，11（1）：9-30.

[8] Mei Cao，Qingyu Zhang. Supply Chain Collaboration Roles of Interorganizational Systems，Trust，and Collaborative Culture［M］. London：Springer，2013：31-54.

[9] Allred C R，Fawcett S E，Wallin C，et al. A dynamic collaboration capability as a source of competitive advantage［J］. Decision Sciences，2011，42（1）：129-161.

[10] Ing-Long Wu，Cheng-Hung Chuang，Chien-Hua Hsua. Information sharing and collaborative behaviors in enabling supply chain performance：A social exchange perspective［J］. International Journal of Production Economics，2014，2（148）：122-132.

[11] Liao Shuhsien，Hu Dachian，Ding Liwen. Assessing the influence of supply chain collaboration value innovation，supply chain capability and competitive advantage in Taiwan's networking communication industry Original research article［J］. International Journal of Production Economics，2017，9（191）：143-153.

[12] Henry C Co，Frank Barro. Stake holder theory and dynamics in supply chain collaboration［J］. International Journal of Operations & Production Management，2009（6）：591-611.

[13] Pongpak Banchuen，Ian Sadler，Himanshu Shee. Supply chain collaboration aligns order-winning strategy with business outcomes［J］. IIMB Management Review，2017，29（2）：109-121.

[14] Jiasen Sun，Chun Wang，Xiang Ji，et al. Performance evaluation of heterogeneous bank supply chain systems from the perspective of measurement and decomposition［J］. Computers & Industrial Engineering，2017（5）：56-72.

[15] Tuangyot Supeekit, Tuanjai Somboonwiwat, Duangpun Kritchanchai. DEMATEL-modified ANP to evaluate internal hospital supply chain performance [J]. Computers & Industrial Engineering, 2016, 11 (102): 318-330.

[16] Hasan Balfaqih, Malak T. Al-Nory, Zulkifli Mohd Nopiah, Nizaroyani Saibani Environmental and economic performance assessment of desalination supply chain [J]. Desalination, 2017, 5 (406): 2-9.

[17] Chithambaranathan P, Nachiappan Subramanian, Angappa Gunasekaran, et al. Service supply chain environmental performance evaluation using grey based hybrid MCDM approach [J]. International Journal of Production Economics, 2015, 8 (166): 163-176.

[18] Morteza Shafiee, Farhad Hosseinzadeh Lotfi, Hilda Saleh. Supply chain performance evaluation with data envelopment analysis and balanced scorecard approach [J]. Applied Mathematical Modelling, 2014, 11 (38): 5092-5112.

[19] Motevali Haghighi S, Torabi S A, Ghasemi R. An integrated approach for performance evaluation in sustainable supply chain networks [J]. Journal of Cleaner Production, 2016, 11 (137): 579-597.

[20] Mei Cao, Vonderembse M A, Qingyu Zhang. Supply chain collaboration: conc-eptualisation and instrument development [J]. International Journal of Production Research, 2010, 22: 6613-6635.

[21] Yeu-Shiang Huang, Jing-Sian Hung, Jyh-Wen Ho. A study on information sharing for supply chains with multiple suppliers [J]. Computers & Industrial Engineering, 2017, 104: 114-123.

[22] Sander de Leeuw, Jan Fransoo. Drivers of close supply chain collaboration: one size fits all [J]. International Journal of Operations & Production Management, 2009 (7): 720-739.

[23] Wenliang Bian, Jennifer Shang, Juliang Zhang. Two-way information sharing under supply chain competition [J]. International Journal of Production Economics, 2016, 178 (8): 82-94.

[24] Lee H L, So K C, Tang C S. Value of information sharing in two-level supply chain [J]. Management Science, 2000 (5): 626-643.

[25] Mohammad M Ali, Mohamed Zied Babai, John E Boylan, et al. Supply chain forecasting when information is not shared [J]. European Journal of Operational Research, 2017, 3 (26): 984-994.

[26] 李武强，刘树林，孙荣庭，等．不确定需求情境下的供应链预测契约设计 [J]. 中国管理科学, 2013 (5): 57-66.

[27] 李果，高韬，马士华，等．不确定交货时间下基于 BOM 下线结算的供应链协同供货 [J]. 计算机集成制造系统, 2011 (2): 369-379.

[28] Rajesh R. Forecasting supply chain resilience performance using grey prediction [J]. Electronic Commerce Research and Applications, 2016, 11 (20): 42-58.

[29] 舒彤，陈收，等．基于影响因子的供应链协同预测方法 [J]. 系统工程理论与实践, 2010 (8): 1364-1370.

[30] Kinbrough S O, Wu D J, Zhong F. Computers play the beer game: can artificial agenntsmanage supply chains [J]. Decision SupportSystems, 2002 (2): 323-333.

[31] Chen F, Drezner Z, Ryan J K, et al. Quantifying the bullwhip effect in a simple supply chain: the impact of forecasting, lead times, and information [J]. Management Science, 2000, 46 (3): 436-443.

[32] 董绍辉，张志清，等．供应链协同需求预测机制研究 [J]．运筹与管理，2010 (5): 66-72.

[33] 程赐胜，段雪雷．随机需求下三级供应链 Qd-Ps 联合契约协调模型 [J]．长沙理工大学学报（自然科学版），2013 (10): 30-38.

[34] Fu Y H, Piplani R. Supply-side collaboration and its value in supply chains [J]. EuropeanJournal of Operational Research, 2004 (152): 281-288.

[35] Chi-Ming Tsou . On the strategy of supply chain collaboration based on dynamic inventory target level management: A theory of constraint perspective [J]. Applied Mathematical Modelling, 2013, 37 (7): 5204-5214.

[36] Jianhu Cai, Man Zhong, Jennifer Shang, et al. Coordinating VMI supply chain under yield uncertainty: Option contract, subsidy contract, and replenishment tactic [J]. International Journal of Production Economics, 2017, 185 (3): 196-210.

[37] Maryam Akbari Kaasgari, Din Mohammad Imani, Mehdi Mahmoodjanloo. Optimizing a vendor managed inventory supply chain for perishable products by considering discount: Two calibrated meta- heuristic algorithms [J]. Computers & Industrial Engineering, 2017, 103 (1): 227-241.

[38] Leopoldo Eduardo Cứrdenas-Barrón, Shib Sankar Sana. A production-inventory model for a two-echelon supply chain when demand is dependent on sales teams? initiatives [J]. International Journal of Production Economics, 2014, 155 (9): 249-258.

[39] 黄花叶，刘志学．第三方物流参与的集群式供应链库存协同控制 [J]．工业工程与管理，2011 (5): 33-40.

[40] Sarker B R, Diponegoro A. Optimal production plans and shipment schedules in a supply chain system with multiple suppliers and multiple buyers [J]. European Journal of Operational Research, 2008, 194 (3): 753-773.

[41] 黄焜，马士华，冷凯君，等．订单不确定条件下的供应链协同决策研究 [J]．中国管理科学，2011 (1): 62-68.

[42] 鲁奎，杨昌辉，戴道明．运输能力受限与费用时变批量问题的拉格朗日松弛启发式算法 [J]．系统工程理论与实践，2008 (10): 47-53.

[43] Dudek G, Stadtler H. Negotiation-based collaborative planning in divergent twotier supply chains [J]. International Journal of Production Research, 2007 (2): 465-484.

[44] Li H Y, You T H, Luo X Y. Collaborative supply chain planning under dyn-amic lot sizing costs with capacity decision [J]. Journal of Systems Engineeri-ng and Electronics, 2011 (2): 247-256.

[45] Hernandez J E, Mula J, Poler R, et al. A multi- agent negotiation based model to support the

collaborative supply chain planning process [J]. Studies in Informatics and Control, 2011 (1): 43-54.

[46] Kerui Weng, Zihao Xu. Flow Merging and Hub Route Optimization in Collaborative Transportation [J]. Journal of Applied Mathematics, 2014 (4): 1-8.

[47] Xie X. Crane Scheduling in Coordination of Production and Transportation Process [C] //Intelligent Computing Theories and Application. ICIC 2016. Lecture Notes in Computer Science, 2016: 9771.

[48] Carney Miehael, Gedajlovi Erie. Corporate Governance and Firm CaPabilities: A Comparison of Managerial, Alliance, and personal Capitaiisms [J]. Asia Pacific Journal of Managemen, 2000 (18): 335-354.

[49] Mohamed Guedria, Nicolas Malhene, Jean-Christophe Deschamps. Urban Freight Transport: From Optimized Routes to Robust Routes [J]. Transportation Research Procedia, 2016, 12: 413-419.

[50] Goodarzi A H, Zegordi S H. A location-routing problem for cross-docking networks: A biogeography-based optimization algorithm [J]. Computers & Industrial Engineering, 2016, 11 (102): 132-146.

[51] Guedria M, Malhene N, Deschamps J C. Urban freight transport: from optimized routes to robust Routes [J]. Transportation Research Procedia, 2016, 12: 413-424.

[52] Wang Y, Ma X L, Li Z B, et al Profit distribution in collaborative multiple centers vehicle routing problem [J]. Journal of Cleaner Production, 2017, 15 (144): 203-219.

[53] Anderluh A, Pamela C N, Vera C H, et al. Multi-objective optimization of a two-echelon vehicle routing problem with vehicle synchronization and 'grey zone' customers arising in urban logistics [J]. European Journal of Operational Research, 2021, 289 (3): 940-958.

[54] Hanafi R, Rusman M, Mardin F, et al. Distribution route optimization of a capacitated vehicle routing problem by sweep algorithm [J]. IOP Conference Series: Materials Science and Engineering, 2020, 875 (1): 12066.

[55] Sicilia J A, Quemada C, Royo B, et al. An optimization algorithm for solving the rich vehicle routing problem based on Variable Neighborhood Search and Tabu Search metaheuristics [J]. Journal of Computational and Applied Mathematics, 2016, 1 (291): 468-477.

[56] Wang X P, Wang M, Ruan J H, et al. The multi-objective optimization for perishable food distribution route considering temporal-spatial distance [J]. Procedia Computer Science, 2016 (96): 1211-1220.

[57] Li J H, Guo H, Zhou Q H, et al. Vehicle routing and scheduling optimization of ship steel distribution center under green shipbuilding mode [J]. Sustainability, 2019, 11 (15): 1-20.

[58] Sahin F, Robinson E P. Flow Coordination and Information Sharing in Supply Chains: Review, Implications and Directions for Future Research [J]. Decision Sciences, 2002 (4): 505-536.

[59] Aibinu A M, Bello Salau H, Najeeb Arthur Rahman, et al. A novel Clustering based Genetic Algorithm for route optimization [J]. Engineering Science and Technology, an International Journal, 2016, 19 (4): 2022-2034.

[60] Gunnar S. Business to Business Dat a Sharing: A Source for Integration of Supply Chains [J]. International Journal of Product ion Economics, 2002 (1): 135-146.

[61] 赵晓敏．基于多智能代理的供应链协同管理 [J]. 商业研究, 2006 (5): 38-41.

[62] 张启文, 徐琪．基于 SOA 和 WEB 服务组合的供应链协同平台研究 [J]. 物流工程与管理, 2012 (12): 66-67.

[63] 连会仁, 王耀球．农资流通企业的供应链管理 [J]. 铁道物资科学管理, 2005 (1): 32-33.

[64] 国家统计局．中国社会统计年鉴 2016 [EB/OL]. 2017 [2017-09-20].

[65] http: //www.stats.gov.cn/tjsj/ndsj/2016/indexch.htm.

[66] 河北省统计局．河北经济年鉴 2016 [EB/OL]. 2017 [2017-07-20].

[67] http: //www.hetj.gov.cn/hetj/tjsj/ndsj/101374627641041.html.

[68] Hedley D D, Tabor S R. Fertilizer in Indonesian Agriculture: the Subsidy issue [J]. Agricultural Economics, 1989, 3 (1): 49-68.

[69] Omamo S W, Mose L O. Fertilizer trade under market liberalization: Preliminary evidence from Kenya [J]. Food Policy, 2001, 26 (1): 1-10.

[70] 牛晓灿．中国农资流通产业市场结构分析 [J]. 知识经济, 2016 (13): 41.

[71] 梁吉星, 李双奎．甘肃省农资企业发展对策研究 [J]. 现代农业科技, 2016 (21): 300-303.

[72] Alene A D, Manyong V M, Omanya G, et al Small holder market Participations under transactions costs: Maize supply and fertilizer demand in Kenya [J]. Food Policy, 2008, 33 (4): 318-328.

[73] 王祖力, 王济民．我国化肥市场价格变动影响因素分析: 理论与实证 [J]. 价格理论与实践, 2011 (5): 51-52.

[74] 胡大为．农资流通企业的品牌建设探讨 [J]. 中国市场, 2017 (10): 198-200.

[75] 朱晓莉, 王全忠, 周宏．"互联网+" 嵌入、专业化服务与农户响应——来自湖南益阳 "田田圈" 农业服务中心的经验证据 [J]. 南京农业大学学报 (社会科学版), 2016, 16 (5): 127-136, 157-158.

[76] 于宏, 王丽红, 田志宏．中国农资连锁经营从数量扩张向质量提升转型——基于中国农资连锁经营现状、问题与对策的研究 [J]. 天津农业科学, 2016, 22 (3): 31-35.

[77] 庄勤．浅谈农资连锁经营发展和策略 [J]. 海峡科学, 2010, 42 (6): 123-124.

[78] 李万君, 李艳军．品牌链动力视角下的农资流通模式创新 [J]. 浙江农业学报, 2014, 26 (5): 1374-1380.

[79] 田润芙, 王春航．用市场化模式解决农业信息服务 "最后一公里" 问题——以农资连锁经营企业 RE 公司为例 [J]. 农业经济, 2014 (2): 118-120.

[80] 刘松, 汪发元．区域媒体驱动的农资流通网络绩效分析与优化 [J]. 湖北农业科学, 2015, 54 (21): 5448-5455.

[81] 陈凯．中国化肥供应物流研究 [D]. 北京: 首都经济贸易大学, 2009.

[82] 王磊．河南省农资物流发展研究 [D]. 郑州: 河南工业大学, 2010.

[83] 杨云超．村镇农资连锁经营物流配载与配送组合优化理论与应用研究 [D]. 北京: 北京

交通大学，2010.
[84] 杨军，杨文兵．论县级农资连锁配送网络建设［J］. 市场研究，2012（1）：14.
[85] 王静．基于 CAS 的化肥供应链建模方法研究［J］. 物流技术，2009，28（12）：204-206.
[86] 张磊，李莉，等．基于双层规划的农资供应链覆盖率优化［J］. 同济大学学报，2012，40（5）：783-788.
[87] 刘星，李壮阔，工文辉．基于 BP 神经网络的化肥供应商选择模型研究［J］. 湖南农业科学，2007（6）：169-174.
[88] Mclvor R，Humphreys P，Mc Curry L. Electronic Commerce：Supporting Collaboration in the Supply Chain？[J]. Journal of Materials Processing Technology，2003（139）：147-152.
[89] Haiwook Choi，Hae-yeon Choi. A model for interorganizational information technology infrastructure and electronic coopera-tion between firms in supply chain［C］//Eighth American Conference on Information Systems，2002：2330-2334.
[90] Barratt M，Oliveira A. Exploring the experiences of collaborative planning initiatives [J]. International Journal of Physical Distribution & Logistics Management，2001，31（4）：266-289.
[91] Sandberg E. Logistics Collaboration in Supply Chains：Practice VS. Theory [J]. The International Journal of Logistics Management，2007，18（2）：274-293.
[92] 孙文红．电子商务环境下供应链协同影响因素研究［D］. 秦皇岛：燕山大学，2012.
[93] Sheu C，Yen H R，Chae B. Determinants of Supplier-Retailer Collaboration：Evidence from an International Study [J]. International Journal of Operations & Production Management，2006，26（1）：24-49.
[94] Lambert D M，Gardner J T. Developing and Implementing Supply Chain Partnership [J]. The International Journal of Logistics Management，2004（7）：1-17.
[95] 汤世强．供应链战略合作伙伴关系治理结构的研究［D］. 上海：上海交通大学，2006.
[96] 马士华，林勇，等．供应链管理［M］. 北京：机械工业出版社，2016：104-116.
[97] Daugherty P J，Richey R G，Roath A S，et al. Is Collaboration Paying Off for Firm [J]. Business Horizons，2006，49（1）：61-70.
[98] Tarifa-Fernandez Jorge，Jorge Tarifa-Fernandez，De Burgos-JiménezJerónimo，et al. Supply chain integration and performance relationship：a moderating affects review［J］. The International Journal of Logistics Management，2017，28（4）：1243-1271.
[99] Kumar Gopal，Gopal Kumar，BanerjeeRabindra Nath，et al. Collaborative culture and relationship strength roles in collaborative relationships：a supply chain perspective [J]. Journal of Business & Industrial Marketing，2016，31（5）：587-599.
[100] Mei Cao，Qingyu Zhang. Supply chain collaboration：Impact on collaborative advantage and firm performance [J]. Journal of Operations Management，2011（29）：163-180.
[101] Das T K，Teng B S. A Resource-based Theory of Strategic Alliances [J]. Journal of Management，2008，26（1）：31-61.
[102] 吴明隆．问卷统计分析实务［M］. 重庆：重庆大学出版社，2010：237-245.
[103] Nunnally J C. Psychometric Theory（2nded）［M］. New York：McGraw-Hill，1978.
[104] De Vellis R F. Scale Development Theory and Applications [M]. London：SAGE，1991.

[105] 吴明隆．结构方程模型——Amos 的操作与应用［M］．重庆：重庆大学出版社，2016：53-56.

[106] Bogozzi R P, Yi Y. On the evaluation of structural equation models [J]. Academic of Marketing Science, 1998 (16): 76-94.

[107] Anderson J C, Gerbing D W. Structural Equation Modeling in Practice: A Review and Recommended Two-Step Approach [J]. Psychological Bulletin, 1988, 103 (3): 411-423.

[108] 赵海峰，万迪．结构方程模型与人工神经网络模型的比较［J］．系统工程理论方法应用，2003（3）：262-269.

[109] Koufaris M. Applying the Technology Acceptance Model and Flow Theory to Online. Consumer Behavior [J]. Information Systems Research, 2002 (2): 205-223.

[110] Jarvenpaa S L, Tractinsky N, Vitale M. Consumer trust in an Internet store [J]. Information technology and management, 2000 (1): 45-71.

[111] 董晓莉，张捷，吴必虎，等．灾害事件对旅游地意象影响的研究——以九寨沟风景区为例［J］．地域研究与开发，2011，30（3）：102-107.

[112] 李学娟，陈希镇．结构方程模型下的因子分析［J］．科学技术与工程，2010（10）：5708-5727.

[113] 贾新明．结构方程模型评价体系的可比性问题［J］．数理统计与管理，2011（2）：246-253.

[114] Fornell C, Johnson M D, Anderson E W, et al. The Am-erican customer satisfaetion index: nature, purpose and findings [J]. Journal of Marketing, 1996, 60 (4): 7-18.

[115] Eklof J A, westlund A H. The pan-european customer satisfaction index program-current work and the way ahead [J]. Total Quality Management, 2002 (8): 1099-1117.

[116] Johnson M D, Herrmann A, Gustafeson A. Comparing customer satisfac-tiona aross industries and countries [J]. Journal of Eeonomic Psychology, 2002, 23 (6): 749-769.

[117] Cassel C, Hackl P, westlund A H. Robustness of partial least-squares method for estimating latent variable quality struetures [J]. Journal of Applied S-tatisties, 1999 (4): 534-446.

[118] Paxton P, Curranp J, Bollen K A, et al. Monte Carlo exper-iments: Design and implementation [J]. Struetural Equation Modeling, 2001 (2): 287-312.

[119] 封云，马军海．供应链需求预测的非线性方法研究［J］．北京理工大学学报（社会科学版），2008（5）：82-86.

[120] Jeong K, Koo C, Hong T. An estimation model for determining the annual energy cost budget in educational facilities using SARIMA (Seasonal Autoregressive Integrated Moving Average) and ANN (Artificial Neural Network) [J]. Energy, 2014, 71 : 71-79.

[121] Zhang G P, Qi M. Neural network forecasting for seasonal and trend time series [J]. European Journal of Operational Research, 2005, 160: 501-514.

[122] 宋仙磊，刘业政，陈思凤，等．二重趋势时间序列的灰色组合预测模型［J］．计算机工程与应用，2011，47（8）：115-117.

[123] Deng Julong. A Novel Grey Model Gm (1, 1/*x*, *r*): Generalizing GM(1, 1) [J]. The Journal of Grey System, 2001, 13 (1): 1-8.

[124] Vhatkar S, Dias J. Oral-care goods sales forecasting using artificial neural network model [J]. Procedia Computer Science, 2016 (79): 238-243.

[125] Doganis P, Alexandridis A, Patrinos P, et al. Time series sales forecasting for short shelf-life food products based on artificial neural networks and evolutionary computing [J]. Journal of Food Engineering, 2006, 75 (2): 196-204.

[126] Park Y R, Murray T J, Chen C. Predicting sunspots using a layered perceptron neural network [J]. IEEE transations on neural networks, 1996 (2): 501-505.

[127] Sietsma J, Row R J. Creating artificial neural networks that generalize [J]. Ne-ural networks, 1991, 4 (1): 67-79.

[128] Fogel D B. An information criterion for optimal neural network selection [J]. IEEE transactions on neural networks, 1991, 2 (5): 490-497.

[129] 杨德平，刘喜华，孙海涛．经济预测方法及 AMTLAB 实现 [M]. 北京：机械工业出版社，2011.

[130] 殷春武，石宇翔．广义偏差最小的组合预测加权系数确定 [J]. 统计与决策，2011 (1): 168-169.

[131] 董艳，贺兴时．一种组合预测模型及其应用 [J]. 西安工程大学学报，2010, 24 (1): 128-130.

[132] Liu Ling, Yan Dengjun, Gong Dengcai, et al. New method or short term load forecasting based on particle swarm optimization and fuzzy neural network [J]. Proceedings of the Chinese Society of Universities, 2006, 18 (3): 47-50.

[133] 崔吉峰，乞建勋，杨尚东．基于粒子群改进 BP 神经网络的组合预测模型及其应用 [J]. 中南大学学报（自然科学版），2009, 40 (1): 190-194.

[134] Morris A Cohen, Sang won Moon. An integrated plant-loading model with economies of scale and scope [J]. European Journal of Operation Research, 1991, 50: 266-279.

[135] Bluce C Arntzen, Gerald G Brown, Terry P Harrison, Linda L Trafton. Global supply chain management at Digital Equipment Corporation [J]. Interfaces, 1995, 25 (1): 69-93.

[136] Christoph Hachling von Lanzenauer, Karsten Pilz Glombik. Coordinating supply chain decisions: an optimization model [J]. OR Spectrum, 2002, 24: 59-78.

[137] Young Hae Lee, Sook Han Kim. Optimal production distribution planning in supply chain management using a hybrid simulation analytic approach [C] //Proceeding of the 2000 Winter Simulation Conference.

[138] Torabi S A, Hassini E. An interactive possibillistic programming approach for multiple objective supply chain master planning [J]. Fuzzy Sets and Systems, 2008, 159 (2): 193-214.

[139] 田俊峰，杨梅，李胜．基于随机需求的供应链产供销计划协同模型研究 [J]. 中国管理科学，2008, 16 (3): 62-67.

[140] 王勇，吴金奇．系统库存分销系统中的双混合补货策略 [J]. 系统工程理论与实践，2011, 31 (2): 251-260.

[141] 吴迪．混合渠道分销企业库存控制问题研究 [D]. 北京：北京科技大学，2014.

[142] Eppen G, Schrage L. Centralized ordering policies in a multi-warehouse system with lead times and random demand [J]. L. B. Schwarz (Ed.), TIMS Studies in Management Sciences. 1981, 16: 51-67.

[143] Bretthauer K M, Mahar S, Venakataramanan M A. Inventory and distribution strategies for retail/e-tail organizations [J]. Computers & Industrial Engineering. 2010, 58: 119-132.

[144] Mohammadi M, Tavakkoli-Moghaddam R, Rostami H. A multi-objective imperialist competitive algorithm for a capacitated hub covering location problem [J]. International Journal of Industrial Engineering Computations, 2011 (2): 671-688.

[145] Ahn C W, Ramakrishna R S. A diversity preserving selection in multiobjective evolutionary algorithms [J]. Appl Intell, 2010, 32 (3): 231.

[146] Deb K, Pratap A, Agarwal S, et al. A fast elitist non-dominated sorting genetic algorithm for multi-objective optimization: NSGA-Ⅱ [J]. Lect Notes Comput Sci, 2000, 1917: 849.

[147] 马晶晶，杨冬冬 . 免疫非支配自适应粒子群多目标优化 [J]. 西安电子科技大学学报，2010, 10: 845-851.

[148] Schaffer J. Multiple objective optimization with vector evaluated genetic algorithms: Proceedings of the first international conference on Genetic algorithms [C] //Hillsdale, NJ: Lawrence Erlbaum Associates, 1985 (1): 93-100.

[149] Yuan Xiaoyan, Cao Ling, Xia Liangzheng. Adaptive genetic algorithm with the criterion of premature convergence [J]. Journal of Southeast University, 2003, 19 (1): 40-43.

[150] 高海昌，冯博琴，朱利 . 智能优化算法求解 TSP 问题 [J]. 控制与决策，2006, 21 (3): 241-247, 252.

[151] Kalyanmoy D, Amritp, Sameer A, et al. A fast Elitist Multi-objective Genetic Algorithm: NSGA-Ⅱ [J]. IEEE Transactions on Evolutionary Computation, 2002, 6 (2): 182-197.

[152] 玄光男，程润伟 . 遗传算法与工程设计 [M]. 北京：科学出版社，2000.

[153] Murata T, Ishibuchi H, Tanaka H. Multiobjective genetic algorithm and its application to flow shop scheduling [J]. Computers and Industrial Engineering, 1996, 30 (4): 957-968.

[154] Ahn C W, Ramakrishna R S. A diversity preserving selection in multiobjective evolutionary algorithms [J]. Applied Intelligence, 2010, 32 (3): 248.

[155] Rajabalipour Cheshmehgaz H, Ishak Desa M, Wibowo A. An effective model of multiple multi-objective evolutionary algorithms with the assistance of regional multi-objective evolutionary algorithms: VIPMOEAs [J]. Applied Soft Computing Journal, 2013, 13 (5): 2863-2895.

[156] Kaijun Liu, Yonghong Zhou, Zigang Zhang. Capacitated location model with online demand pooling in a multi-channel supply chain [J]. European Journal of Operational Research, 2010 (207): 218-231.

[157] Deb K, Pratap A, Agarwal S, et al. A fast elitist non-dominated sorting genetic algorithm for multi-objective optimization: NSGA-Ⅱ [J]. Lecture Notes in Computer Science, 2000, 1917: 850.

[158] Shi C, Yan Z Y, Shi Z Z, et al. A fast multi-objective evolutionary algorithm based on a tree structure [J]. Applied Soft Computing, 2010, 10 (2): 468-480.

[159] Fengli Zhang, Dana M Johnson, Jinjiang Wang. Integrating multimodal transport into forest-delivered biofuel supply chain design. Renewable Energy, 2016, 8 (93): 58-67.

[160] 曾巳泷，李若蕾. 基于数据包络分析的军事运输方式选择研究 [J]. 国防交通工程与技术，2012 (6): 43-45.

[161] Amalia Utamima, Renny Pradina K, Nisa Setya Dini, et al. Distribution Route Optimization of Gallon Water Using Genetic Algorithm and Tabu Search [J]. Procedia Computer Science, 2015 (72): 503-510.

[162] Yong Wang, Xiaolei Ma, Zhibin Li, et al. Profit distribution in collaborative multiple centers vehicle routing problem [J]. Journal of Cleaner Production, 2017, 15 (144): 203-219.

[163] Asefeh Hasani Goodarzi, Seyed Hessameddin Zegordi. A location-routing problem for cross-docking networks: A biogeography-based optimization algorithm [J]. Computers & Industrial Engineering, 2016, 11 (102): 132-146.

[164] Juan Antonio Sicilia, Carlos Quemada, Beatriz Royo, et al. An optimization algorithm for solving the rich vehicle routing problem based on Variable Neighborhood Search and Tabu Search metaheuristics [J]. Journal of Computational and Applied Mathematics, 2016, 1 (291): 468-477.

[165] Mohamed Guedria, Nicolas Malhene, Jean-Christophe Deschamps. Urban Freight Transport: From Optimized Routes to Robust Routes [J]. Transportation Research Procedia, 2016, 12: 420-424.

[166] Xuping Wang, Meng Wang, Junhu Ruan, et al. The Multi-objective Optimization for Perishable Food Distribution Route Considering Temporal-spatial Distance [J]. Procedia Computer Science, 2016 (96): 1211-1220.

[167] 彭敏. 基于改进遗传算法的农产品物流配送车辆路径优化研究 [D]. 长沙：长沙理工大学，2009.

[168] Tian P, Ma J, Zhang D M. Application of the simulated annealing algorithm to the combinatorial optimization problem with permutation property: all investigation of generation mechanism [J]. European Journal of Operational Research, 1999, 118 (1): 81-94.

[169] Bent R, Van Henteliryck P. A two-stage hybrid local search for the vehicle routing problem with time windows [J]. Transportation Science, 2004, 38 (4): 515-530.

[170] Tavakkoli-Moghaddam R, Safaei N, Gholipour Y. A hybrid simulated annealing for capacitated vehicle routing problems with the independent route length [J]. Applied Mathematics and Computation, 2006, 176 (2): 445-454.

[171] Van Breedam. An analysis of the effect of local improvement operators in genetic algorithms and simulated annealing for the vehicle routing problem [D]. University of Antwerp, Belgium, 1996.

[172] Bouthillier, Craiule G. A cooperative parallel met heuristic for vehicle routing with time windows [J]. Computer & Operation Research, 2005, 32 (7): 1685-1708.

[173] Motevali Haghighiab S, Torabia S A, Ghasemic R. An integrated approach for performance evaluation in sustainable supply chain networks (with a case study) [J]. Journal of Cleaner

Production, 2016, 137 (20): 579-597.

[174] Liao Zisheng, Lin Xueyu, Du Xinqiang. The mapping principles and methods for the groundwater quality evaluation in Songnen basin [J]. Advance in Earth Seiences, 2003, 18 (2): 299-304.

[175] Joshi K, Kumar S. Matchmaking using fuzzy analytical hierarchy process, compatibility measure and stable matching for online matrimony in India [J]. Journal of Multi-Criteria Decision Analysis, 2012 (19): 57-66.

[176] Bart van Hoof, Marcus Thiell. Collaboration capacity for sustainable supply chain management: small and medium-sized enterprises in Mexico [J]. Journal of Cleaner Production, 2014 (67): 239-248.

附录　农资流通供应链协同方法研究调查问卷

尊敬的公司领导：

您好！为更好了解当前农资供应链协同性，增强企业间的协同运作效率，拟针对“农资供应链协同的影响因素”进行深入研究。现设计本次问卷，欲了解贵公司与上下游合作伙伴的协同状况，希望您能根据贵公司情况如实填写，非常感谢您的支持和配合！

问卷填写说明：

1. 请您针对贵公司最主要的一个供应链合作伙伴，根据与其实际合作情况客观地做出判断。在 1~5 个数字中选择最能代表实际情况的数字上面打√，其中“1”表示非常不符合，“5”表示非常符合。

2. 本问卷均为单选，请勿多选。

被调查者所在企业基本情况部分

贵公司成立时间	□3 年以内　□3~5 年　□5~10 年　□10~20 年　□20 年以上
贵公司所属行业	□农资生产企业　□农资批发企业　□农资零售企业
贵公司企业性质	□国有股份制企业　□个体私营企业　□合资企业
贵公司的年销售额	□500 万元以下　□500 万~1000 万元　□1000 万~5000 万元 □5000 万~1 亿元　□1 亿元以上
贵公司的员工人数	□50 人以下　□50~100 人　□100~500 人 □500~1000 人　□1000 人以上
您的职位类别	□高级管理人员　□中级管理人员　□基层管理人员 □其他人员

供应链协同影响因素问题部分

题　　项	非常不符合	比较不符合	基本符合	比较符合	非常符合
Q1：我公司完全信任该合作伙伴	1	2	3	4	5
Q2：该合作伙伴具有较好的商业信用	1	2	3	4	5
Q3：我公司与该合作伙伴经常不定期沟通，而不只是按约定的时间和方式进行交流	1	2	3	4	5
Q4：我公司非常重视与该合作伙伴之间的良好关系的建立	1	2	3	4	5
Q5：当双方有任何决策变动，对方都会及时得到通知	1	2	3	4	5
Q6：我公司与合作伙伴之间人际关系都非常融洽	1	2	3	4	5
Q7：我公司时常与该合作伙伴交流和分享市场需求及销售信息	1	2	3	4	5
Q8：我公司与该合作伙伴会共享需求预测数据及营销促销活动信息	1	2	3	4	5
Q9：我公司与该合作伙伴分享彼此的生产供应信息	1	2	3	4	5
Q10：我公司与该合作伙伴会共享运输、库存等物流状态信息	1	2	3	4	5
Q11：我公司与该合作伙伴共享供应链协调运营所带来的盈利	1	2	3	4	5
Q12：当一方利益受损时，对方会做出让利行为	1	2	3	4	5
Q13：我公司与该合作伙伴建立了风险分担机制	1	2	3	4	5
Q14：我公司与合作伙伴建立了共赢的利益分配机制	1	2	3	4	5
Q15：我公司与该合作伙伴相互分享技术、知识、管理等资源	1	2	3	4	5
Q16：我公司与该合作伙伴有专门的人员和团队来管理协作的流程	1	2	3	4	5
Q17：我公司与该合作伙伴经常共同组织或参加各种形式的厂商、客户座谈会或联谊会	1	2	3	4	5
Q18：我公司与该合作伙伴都非常重视相互资源的利用	1	2	3	4	5
Q19：我公司与该合作伙伴建立了一个明确的冲突管理和协调机制	1	2	3	4	5
Q20：我公司与该合作伙伴都非常重视并密切关注一些潜在冲突	1	2	3	4	5
Q21：在出现冲突时，我公司与该合作伙伴会积极双向沟通	1	2	3	4	5
Q22：解决冲突时，我公司与该合作伙伴会联合解决问题	1	2	3	4	5

续表

题　项	非常不符合	比较不符合	基本符合	比较符合	非常符合
Q23：我公司与该合作伙伴的业务处理有标准的流程与标准文本	1	2	3	4	5
Q24：我公司与该合作伙伴的软件能够实现兼容	1	2	3	4	5
Q25：我公司与该合作伙伴的物流设施机械化程度较高，能够实现良好衔接	1	2	3	4	5
Q26：我公司与该合作伙伴构建了业务数据处理的平台	1	2	3	4	5
Q27：我公司与该合作伙伴的企业文化是相近的	1	2	3	4	5
Q28：我公司与该合作伙伴之间的战略目标是一致的	1	2	3	4	5
Q29：我公司与该合作伙伴一起解决订单中的异常情况	1	2	3	4	5
Q30：我公司经常与该合作伙伴进行市场分析和需求预测	1	2	3	4	5
Q31：我公司与该合作伙伴共同进行生产计划的制定与执行协作	1	2	3	4	5
Q32：我公司与该合作伙伴会共同制定物流计划，并监督实施	1	2	3	4	5

后　记

供应链协同运作是个复杂的系统工程，不但需要供应链节点企业从战略层制定协同发展规划，分析供应链协同的影响因素，制定科学绩效评价体系；更需要从预测、分销及库存、运输及配送等策略层面探索协同运作的方法和手段；同时还需要从技术层研究协同技术的应用与支持。因此，鉴于上述问题的复杂性，未来还有许多地方需要进一步深入研究，主要表现在以下几个方面：

(1) 对于协同规划问题的研究目前多停留在理论分析阶段，现实中在农资领域应用有限，对于掌握着绝对资源的农资生产企业来说较少激励农资分销商参与到农资生产及供应规划的制定过程中，本书中未对农资协同规划问题做深入研究。但从战略性出发，协同规划问题将会日益成为指导供应链运作的重要环节。

(2) 在供应链协同运作过程中，供应契约发挥着相当重要的作用，供应契约参数设置不同会对供需双方产生不同的激励作用，以至于影响供应链协同的绩效。因篇幅及研究的侧重点所限，本书中未对供应契约问题做深入研究，今后若分析具体企业间的协同问题及“牛鞭效应”问题可从此方面着手进一步研究。

(3) 供应链协同的技术层主要涉及协同技术的应用及信息化问题，本书中把这些作为供应链协同的影响因素来研究，并未研究如何实现企业间的技术协同。因此，今后的研究中还应进一步在信息平台的建设、信息共享技术、同步化技术等方面进行深入探讨。

本书在撰写过程中，参阅了大量相关著作和论文等资料，并得到了许多农资流通企业的倾心相助，在此对众多学者和企业管理者给予的启迪与帮助表示真诚的感谢。同时，本专著得到2021年河北省社会科学基金项目《京津冀产业链供应链网络诊断与现代化协同建设研究》(编号：HB21YJ004) 资助，是该项目研究的重要成果，在此对河北省哲学社会科学规划办的资助表示感谢。

鉴于本人对供应链管理的研究还不够深入，难免有不妥或纰漏之处，敬请各位专家学者和各界人士批评指正。

著　者

2021年12月